dtv

»Die Monate haben es eilig. Die Jahre haben es eiliger. Und die Jahrzehnte haben es am eiligsten. Nur die Erinnerungen haben Geduld mit uns. Besonders dann, wenn wir mit ihnen Geduld haben«, schreibt Erich Kästner in seinem Nachwort zu seinen Kindheitserinnerungen ›Als ich ein kleiner Junge war‹. Der gebürtige Dresdner erzählt von den Jahren 1907 bis 1914 in seiner Heimatstadt, aber auch sehr anschaulich von der Kindheit seiner Eltern und seiner Großeltern. Er beschreibt das Alltagsleben seiner Familie, die gesellschaftlichen Zwänge und Konventionen, das Treiben auf den Straßen und Plätzen Dresdens. Besonders liebevoll erinnert sich Erich Kästner an seine Mutter, der er mit diesem Buch ein Denkmal setzt.

Erich Kästner, geboren 1899 in Dresden, studierte nach dem Ersten Weltkrieg Germanistik, Geschichte und Philosophie. 1925 Promotion. Neben schriftstellerischer Tätigkeit Theaterkritiker und freier Mitarbeiter bei verschiedenen Zeitungen. Während der Nazizeit hatte er Publikationsverbot und schrieb vor allem Drehbücher. Von 1945 bis zu seinem Tod 1974 lebte Kästner in München und war dort u. a. Feuilletonchef der ›Neuen Zeitung‹ und Mitarbeiter der Kabarett-Ensembles ›Die Schaubude‹ und ›Die kleine Freiheit‹. Bei dtv sind nahezu sämtliche Werke in Einzelausgaben lieferbar.

Erich Kästner

Als ich ein kleiner Junge war

Deutscher Taschenbuch Verlag

Vollständige Ausgabe
Mai 2003
4. Auflage Februar 2004
Deutscher Taschenbuch Verlag GmbH & Co. KG,
München
www.dtv.de
© 1996 Atrium Verlag, Zürich
Umschlagkonzept: Balk & Brumshagen
Umschlagbild: © Peter Knorr
Gesetzt aus der Bembo 10,5/13·
Gesamtherstellung: Druckerei C. H. Beck, Nördlingen
Gedruckt auf säurefreiem, chlorfrei gebleichtem Papier
Printed in Germany · ISBN 3-423-13086-5

Inhalt

Kein Buch ohne Vorwort · 7

Das erste Kapitel
Die Kästners und die Augustins · 17

Das zweite Kapitel
Die kleine Ida und ihre Brüder · 26

Das dritte Kapitel
Meine zukünftigen Eltern lernen sich
endlich kennen · 38

Das vierte Kapitel
Koffer, Leibbinden und blonde Locken · 48

Das fünfte Kapitel
Die Königsbrücker Straße und ich · 57

Das sechste Kapitel
Lehrer, Lehrer, nichts als Lehrer · 68

Das siebente Kapitel
Riesenwellen und Zuckertüten · 80

Das achte Kapitel
Der ungefähre Tagesablauf eines ungefähr
Achtjährigen · 92

DAS NEUNTE KAPITEL
Vom Kleinmaleins des Lebens · 106

DAS ZEHNTE KAPITEL
Zwei folgenschwere Hochzeiten · 117

DAS ELFTE KAPITEL
Ein Kind hat Kummer · 127

DAS ZWÖLFTE KAPITEL
Onkel Franz wird Millionär · 142

DAS DREIZEHNTE KAPITEL
Die Villa am Albertplatz · 155

DAS VIERZEHNTE KAPITEL
Der zwiefache Herr Lehmann · 169

DAS FÜNFZEHNTE KAPITEL
Meine Mutter, zu Wasser und zu Lande · 179

DAS SECHZEHNTE KAPITEL
Das Jahr 1914 · 193

Und zum Schluß ein Nachwort · 203

Kein Buch ohne Vorwort

Liebe Kinder und Nichtkinder!

Meine Freunde machen sich schon seit langem darüber lustig, daß keines meiner Bücher ohne ein Vorwort erscheint. Ja, ich hab auch schon Bücher mit zwei und sogar mit drei Vorworten zustande gebracht! In dieser Hinsicht bin ich unermüdlich. Und auch wenn es eine Unart sein sollte, – ich werde mir's nicht abgewöhnen können. Erstens gewöhnt man sich Unarten am schwersten ab, und zweitens halte ich es für gar keine Unart.

Ein Vorwort ist für ein Buch so wichtig und so hübsch wie der Vorgarten für ein Haus. Natürlich gibt es auch Häuser ohne Vorgärtchen und Bücher ohne Vorwörtchen, Verzeihung, ohne Vorwort. Aber mit einem Vorgarten, nein, mit einem Vorwort sind mir die Bücher lieber. Ich bin nicht dafür, daß die Besucher gleich mit der Tür ins Haus fallen. Es ist weder für die Besucher gut, noch fürs Haus. Und für die Tür auch nicht.

So ein Vorgarten mit Blumenrabatten, beispielsweise mit bunten, kunterbunten Stiefmütterchen, und einem kleinen, kurzen Weg aufs Haus zu, mit drei, vier Stufen bis zur Tür und zur Klingel, das soll eine Unart sein? Mietskasernen, ja siebzigstöckige Wolkenkratzer, sie sind im Laufe der Zeit notwendig geworden. Und dikke Bücher, schwer wie Ziegelsteine, natürlich auch. Trotzdem gehört meine ganze Liebe nach wie vor den kleinen gemütlichen Häusern mit den Stiefmütterchen und Dahlien im Vorgarten. Und den schmalen, handlichen Büchern mit ihrem Vorwort.

Vielleicht liegt es daran, daß ich in Mietskasernen aufgewachsen bin. Ganz und gar ohne Vorgärtchen. Mein Vorgarten war der Hinterhof, und die Teppichstange war mein Lindenbaum. Das ist kein Grund zum Weinen, und es war kein Grund zum Weinen. Höfe und Teppichstangen sind etwas sehr Schönes. Und ich habe wenig geweint und viel gelacht. Nur, Fliederbüsche und Holundersträucher sind auf andere und noch schönere Weise schön. Das wußte ich schon, als ich ein kleiner Junge war. Und heute weiß ich's fast noch besser. Denn heute hab ich endlich ein Vorgärtchen und hinterm Haus eine Wiese. Und Rosen und Veilchen und Tulpen und Schneeglöckchen und Narzissen und Hahnenfuß und Männertreu und Glockenblumen und Vergißmeinnicht und meterhohe blühende Gräser, die der Sommerwind streichelt. Und Faulbaumsträucher und Fliederbüsche und zwei hohe Eschen und eine alte, morsche Erle hab ich außerdem. Sogar Blaumeisen, Kohlmeisen, Hänflinge, Kleiber, Dompfaffen, Amseln, Buntspechte und Elstern hab ich. Manchmal könnte ich mich fast beneiden!

In diesem Buche will ich Kindern einiges aus meiner Kindheit erzählen. Nur einiges, nicht alles. Sonst würde es eines der dicken Bücher, die ich nicht mag, schwer wie ein Ziegelstein, und mein Schreibtisch ist ja schließlich keine Ziegelei, und überdies: Nicht alles, was Kinder erleben, eignet sich dafür, daß Kinder es lesen! Das klingt ein bißchen merkwürdig. Doch es stimmt. Ihr dürft mir's glauben.

Daß ich ein kleiner Junge war, ist nun fünfzig Jahre her, und fünfzig Jahre sind immerhin ein halbes Jahrhundert. (Hoffentlich hab ich mich nicht verrechnet!) Und ich dachte mir eines schönen Tages, es könne euch interessieren, wie ein kleiner Junge vor einem halben Jahrhundert gelebt hat. (Auch darin hab ich mich hoffentlich nicht verrechnet.)

Damals war ja so vieles anders als heute! Ich bin noch mit der Pferdebahn gefahren. Der Wagen lief schon auf Schienen, aber er wurde von einem Pferde gezogen, und der Schaffner war zugleich der Kutscher und knallte mit der Peitsche. Als sich die Leute an die ›Elektrische‹ gewöhnt hatten, wurden die Humpelröcke Mode. Die Damen trugen ganz lange, ganz enge Röcke. Sie konnten nur winzige Schrittchen machen, und in die Straßenbahn klettern konnten sie schon gar nicht. Sie wurden von den Schaffnern und anderen kräftigen Männern, unter Gelächter, auf die Plattform hinaufgeschoben, und dabei mußten sie auch noch den Kopf schräghalten, weil sie Hüte trugen, so groß wie Wagenräder, mit gewaltigen Federn und mit ellenlangen Hutnadeln und polizeilich verordneten Hutnadelschützern!

Damals gab es noch einen deutschen Kaiser. Er hatte einen hochgezwirbelten Schnurrbart im Gesicht, und sein Berliner Hof-Friseur machte in den Zeitungen und

Zeitschriften für die vom Kaiser bevorzugte Schnurrbartbinde Reklame. Deshalb banden sich die deutschen Männer morgens nach dem Rasieren eine breite Schnurrbartbinde über den Mund, sahen albern aus und konnten eine halbe Stunde lang nicht reden.

Einen König von Sachsen hatten wir übrigens auch. Des Kaisers wegen fand jedes Jahr ein Kaisermanöver statt, und dem König zuliebe, anläßlich seines Geburtstags, eine Königsparade. Die Uniformen der Grenadiere und Schützen, vor allem aber der Kavallerieregimenter, waren herrlich bunt. Und wenn, auf dem Alaunplatz in Dresden, die Gardereiter mit ihren Kürassierhelmen, die Großenhainer und Bautzener Husaren mit verschnürter Attila und brauner Pelzmütze, die Oschatzer und Rochlitzer Ulanen mit Ulanka und Tschapka und die Reitenden Jäger, allesamt hoch zu Roß, mit gezogenem Säbel und erhobener Lanze an der königlichen Tribüne vorübertrabten, dann war die Begeisterung groß, und alles schrie Hurra. Die Trompeten schmetterten. Die Schellenbäume klingelten. Und die Pauker schlugen auf ihre Kesselpauken, daß es nur so dröhnte. Diese Paraden waren die prächtigsten und teuersten Revuen und Operetten, die ich in meinem Leben gesehen habe.

Der Monarch, dessen Geburtstage so bunt und laut gefeiert wurden, hieß Friedrich August. Und er war der letzte sächsische König. Doch das wußte er damals noch nicht. Manchmal fuhr er mit seinen Kindern durch die Residenzstadt. Neben dem Kutscher saß, mit verschränkten Armen und einem schillernden Federhut, der Leibjäger. Und aus dem offenen Wagen winkten die kleinen Prinzen und Prinzessinnen uns anderen Kindern zu. Der König winkte auch. Und er lächelte freundlich. Wir winkten zurück und bedauerten ihn ein bißchen. Denn wir und alle Welt wußten ja, daß ihm seine Frau, die Königin von Sachsen, davongelaufen war. Mit Signore Toselli, einem italienischen Geiger! So war der König eine lächerliche Figur geworden, und die Prinzessinnen und Prinzen hatten keine Mutter mehr.

Um die Weihnachtszeit spazierte er manchmal, ganz allein und mit hochgestelltem Mantelkragen, wie andere Offiziere auch, durch die abendlich funkelnde Prager Straße und blieb nachdenklich vor den schimmernden Schaufenstern stehen. Für Kinderkleider und Spielwaren interessierte er sich am meisten. Es schneite. In den Läden glitzerten die Christbäume. Die Passanten stießen sich an, flüsterten: »Der König!« und gingen eilig weiter, um ihn nicht zu stören. Er war einsam. Er liebte seine Kinder. Und deshalb liebte ihn die Bevölkerung. Wenn er in die Fleischerei Rarisch hineingegangen wäre und zu einer der Verkäuferinnen gesagt hätte: »Ein Paar heiße Altdeutsche, mit viel Senf, zum Gleichessen!« wäre sie bestimmt nicht in die Knie gesunken, und sie hätte sicher nicht geantwortet: »Es ist uns eine hohe Ehre, Majestät!« Sie hätte nur gefragt: »Mit oder ohne Semmel?« Und wir anderen, auch meine Mutter und ich, hätten beiseitegeschaut, um ihm den Appetit nicht zu verderben. Aber er traute sich wohl nicht recht. Er ging nicht zu Rarisch, sondern die Seestraße entlang, blieb vor Lehmann & Leichsenring, einem schönen Delikatessengeschäft, stehen, passierte den Altmarkt, schlenderte die Schloßstraße hinunter, musterte, bei Zeuner in der Auslage, die in Schlachtformation aufgestellten Nürnberger Zinnsoldaten, und dann war es mit seinem Weihnachtsbummel auch schon vorbei! Denn auf der anderen Straßenseite stand das Schloß. Man hatte ihn bemerkt. Die Wache sprang heraus. Kommandoworte ertönten. Das Gewehr wurde präsentiert. Und der letzte König von Sachsen verschwand, unter Anlegen der Hand an die Mütze, in seiner viel zu großen Wohnung.

Ja, ein halbes Jahrhundert ist eine lange Zeit. Aber manchmal denk ich: Es war gestern. Was gab es seitdem nicht alles! Kriege und elektrisches Licht, Revolutionen und Inflationen, lenkbare Luftschiffe und den Völkerbund, die Entzifferung der Keilschrift und Flugzeuge, die schneller sind als der Schall! Doch die Jahreszeiten und die Schularbeiten, die gab es immer schon, und es gibt sie auch heute noch. Meine Mutter mußte zu ihren Eltern noch ›Sie‹ sagen. Aber die Liebe zwischen Eltern und Kindern hat sich nicht geändert. Mein Vater schrieb in der Schule noch ›Brod‹ und ›Thür‹. Aber ob nun Brod oder Brot, man aß und ißt es gerne. Und ob nun Thür oder Tür, ohne sie kam und käme man nicht ins Haus. Fast alles hat sich geändert, und fast alles ist sich gleichgeblieben.

War es erst gestern, oder ist es wirklich schon ein halbes Jahrhundert her, daß ich meine Rechenaufgaben unter der blakenden Petroleumlampe machte? Daß plötzlich, mit einem dünnen ›Klick‹, der gläserne Zylinder zersprang? Und daß er vorsichtig mit dem Topflappen ausgewechselt werden mußte? Heutzutage brennt die Sicherung durch, und man muß, mit dem Streichholz, eine neue suchen und einschrauben. Ist der Unterschied so groß? Nun ja, das Licht schimmert heute heller als damals, und man braucht den elektrischen Strom nicht in der Petroleumkanne einzukaufen. Manches ist bequemer geworden. Wurde es dadurch schöner? Ich weiß nicht recht. Vielleicht. Vielleicht auch nicht.

Als ich ein kleiner Junge war, trabte ich, morgens vor der Schule, zum Konsumverein in die Grenadierstraße. »Anderthalb Liter Petroleum und ein frisches Vierpfundbrot, zweite Sorte«, sagte ich zur Verkäuferin. Dann rannte ich – mit dem Wechselgeld, den Rabattmarken, dem Brot und der schwappenden Kanne – weiter. Vor den zwinkernden Gaslaternen tanzten die Schneeflocken. Der Frost nähte mir mit feinen Nadelstichen die Nasenlöcher zu. Jetzt ging's zu Fleischermeister Kießling. »Bitte, ein Viertelpfund hausschlachtene Blut- und Leberwurst, halb und halb!« Und nun in den Grünkramladen zu Frau Kletsch. »Ein Stück Butter und sechs Pfund Kartoffeln. Einen schönen Gruß, und die letzten waren erfroren!« Und dann nach Hause! Mit Brot, Petroleum, Wurst, Butter und Kartoffeln! Der Atem quoll weiß aus dem Mund, wie der Rauch eines Elbdampfers. Das warme Vierpfundbrot unterm Arm kam ins Rutschen. In der Tasche klimperte das Geld. In der Kanne schaukelte das Petroleum. Das Netz mit den Kartoffeln schlug gegen das Knie. Die quietschende Haustür. Die Treppe, drei Stufen auf einmal. Die Klingel im dritten Stock, und zum Klingeln keine Hand frei. Mit dem Schuh gegen die Tür. Sie öffnete sich. »Kannst du denn nicht klingeln?« »Nein, Muttchen, womit denn?« Sie lacht. »Hast du auch nichts vergessen?« »Na, erlaube mal!« »Treten Sie näher, junger Mann!« Und dann gab's, am Küchentisch, eine Tasse Malzkaffee mit Karlsbader Feigenzusatz, und den warmen Brotkanten, das ›Ränftchen‹ mit frischer Butter. Und der gepackte Schulranzen stand im Flur und trat ungeduldig von einem Bein aufs andre.

»Seitdem sind mehr als fünfzig Jahre vergangen«, erklärt nüchtern der Kalender, dieser hornalte, kahle Buchhalter im Büro der Geschichte, der die Zeitrechnung kontrolliert und, mit Tinte und Lineal, die Schaltjahre blau und jeden Jahrhundertbeginn rot unterstreicht. »Nein!« ruft die Erinnerung und schüttelt die Locken. »Es war gestern!« und lächelnd fügt sie, leise, hinzu: »Oder allerhöchstens vorgestern.« Wer hat unrecht?

Beide haben recht. Es gibt zweierlei Zeit. Die eine kann man mit der Elle messen, mit der Bussole und dem Sextanten. Wie man Straßen und Grundstücke ausmißt. Unsere Erinnerung aber, die andere Zeitrechnung, hat mit Meter und Monat, mit Jahrzehnt und Hektar nichts zu schaffen. Alt ist, was man vergessen hat. Und das Unvergeßliche war gestern. Der Maßstab ist nicht die Uhr, sondern der Wert. Und das Wertvollste, ob lustig oder traurig, ist die Kindheit. Vergeßt das Unvergeßliche nicht! Diesen Rat kann man, glaub ich, nicht früh genug geben.

Damit ist die Einleitung zu Ende. Und auf der nächsten Seite beginnt das erste Kapitel. Das gehört sich so. Denn auch wenn der Satz ›Kein Buch ohne Vorwort‹ eine gewisse Berechtigung haben sollte, – seine Umkehrung stimmt erst recht. Sie lautet:

KEIN VORWORT OHNE BUCH

Die Kästners und die Augustins

Wer von sich selber zu erzählen beginnt, beginnt meist mit ganz anderen Leuten. Mit Menschen, die er nie gesehen hat und nie gesehen haben kann. Mit Menschen, die er nie getroffen hat und niemals treffen wird. Mit Menschen, die längst tot sind und von denen er fast gar nichts weiß. Wer von sich selber zu erzählen beginnt, beginnt meist mit seinen Vorfahren.

Das ist begreiflich. Denn ohne die Vorfahren wäre man im Ozeane der Zeit, wie ein Schiffbrüchiger auf einer winzigen und unbewohnten Insel, ganz allein. Mutterseelenallein. Großmutterseelenallein. Urgroßmutterseelenallein. Durch unsere Vorfahren sind wir mit der Vergangenheit verwandt und seit Jahrhunderten verschwistert und verschwägert. Und eines Tages werden wir selber Vorfahren geworden sein. Für Menschen, die heute noch nicht geboren und trotzdem schon mit uns verwandt sind.

Die Chinesen errichteten, in früheren Zeiten, ihren Ahnen Hausaltäre, knieten davor nieder und besannen sich auf die Zusammenhänge. Der Kaiser und der Mandarin, der Kaufmann und der Kuli, jeder besann sich darauf, daß er nicht nur der Kaiser oder ein Kuli, sondern auch das einzelne Glied einer unzerreißbaren Kette war und, sogar nach seinem Tode, bleiben würde. Mochte die Kette nun aus Gold, aus Perlen oder nur aus Glas, mochten die Ahnen Söhne des Himmels, Ritter oder nur Torhüter sein, – allein war keiner. So stolz oder so arm war niemand.

Doch wir wollen nicht feierlich werden. Wir sind, ob es uns gefällt oder nicht, keine Chinesen. Drum will ich meinen Vorfahren auch keinen Hausaltar bauen, sondern nur ein klein wenig von ihnen erzählen.

Von den Vorfahren meines Vaters ›nur ein klein wenig‹ zu erzählen, macht nicht die geringsten Schwierigkeiten. Denn ich weiß nichts über sie. Fast nichts. Ihr Hochzeitstag und ihr Sterbejahr, ihre Namen und Geburtsdaten wurden von protestantischen Pfarrern gewissenhaft in sächsischen Kirchenbüchern eingetragen. Die Männer waren Handwerker, hatten viele Kinder und überlebten ihre Frauen, die meist bei der Geburt eines Kindes starben. Und viele der Neugeborenen starben mit ihren Müttern. Das war nicht nur bei den Kästners so, sondern in ganz Europa und Amerika. Und es besserte sich erst, als Doktor Ignaz Philipp Semmelweis das Kindbettfieber ausrottete. Das geschah vor etwa hundert Jahren. Man hat Doktor Semmelweis den ›Retter der Mütter‹ genannt und vor lauter Bewunderung vergessen, ihm Denkmäler zu errichten. Doch das gehört nicht hierher.

Meines Vaters Vater, Christian Gottlieb Kästner, lebte als Tischlermeister in Penig, einer sächsischen Kleinstadt an einem Flüßchen, das die Mulde heißt, und hatte mit seiner Frau Laura, einer geborenen Eidam, elf Kinder, von denen fünf starben, ehe sie laufen gelernt hatten. Zwei seiner Söhne wurden, wie der Vater, Tischler. Ein anderer, mein Onkel Karl, wurde Hufschmied. Und Emil Kästner, mein Vater, erlernte das Sattler- und Tapeziererhandwerk.

Vielleicht haben sie und ihre Vorväter mir die handwerkliche Sorgfalt vererbt, mit der ich meinem Beruf nachgehe. Vielleicht verdanke ich mein – im Laufe der Zeit freilich eingerostetes – turnerisches Talent dem Onkel Hermann, der noch mit fünfundsiebzig Jahren im Peniger Turnverein die Altherrenriege anführte. Ganz sicher aber haben mir die Kästners eine Familieneigenschaft in die Wiege gelegt, die alle meine Freunde immer wieder verwundert und oft genug ärgert: die echte und unbelehrbare Abneigung vorm Reisen.

Wir Kästners sind auf die weite Welt nicht sonderlich neugierig. Wir leiden nicht am Fernweh, sondern am Heimweh. Warum sollten wir in den Schwarzwald oder auf den Gaurisankar oder zum Trafalgar Square? Die Kastanie vorm Haus, der Dresdner Wolfshügel und der Altmarkt tun es auch. Wenn wir unser Bett und die Fenster in der Wohnstube mitnehmen könnten, dann ließe sich vielleicht darüber reden! Aber in die Fremde ziehen und das Zuhause daheimlassen? Nein, so hoch kann kein Berg und so geheimnisvoll kann keine Oase sein, so abenteuerlich kein Hafen und so laut kein Niagarafall, daß wir meinen, wir müßten sie kennenlernen! Es ginge noch, wenn wir daheim einschliefen und in Buenos Aires aufwachten! Das Dortsein wäre vorübergehend zu ertragen, aber das Hinkommen? Niemals! Wir sind, fürchte ich, Hausfreunde der Gewohnheit und der Bequemlichkeit. Und wir haben, neben diesen zweifelhaften Eigenschaften, eine Tugend: Wir sind unfähig, uns zu langweilen. Ein Marienkäfer an der Fensterscheibe beschäftigt uns vollauf. Es muß kein Löwe in der Wüste sein.

Trotzdem sind meine Herren Vorväter und noch mein Vater, wenigstens einmal im Leben, gereist. Auf Schusters Rappen. Als Handwerksburschen. Mit dem Gesellenbrief in der Tasche. Doch sie taten's nicht freiwillig. Die Zünfte und Innungen verlangten es. Wer nicht in anderen Städten und bei fremden Meistern gearbeitet hatte, durfte selber nicht Meister werden. Man mußte in der Fremde Geselle gewesen sein, wenn man daheim Meister werden wollte. Und das wollten die Kästners unbedingt, ob sie nun Tischler, Schmied, Schneider, Ofensetzer oder Sattler waren! Diese Wanderschaft blieb zumeist ihre erste und letzte Reise. Wenn sie Meister geworden waren, reisten sie nicht mehr.

Als mein Vater im verflossenen August vor meiner Münchner Wohnung aus einem Dresdner Auto kletterte – ein bißchen ächzend und müde, denn er ist immerhin neunzig Jahre alt –, war er nur gekommen, um festzustellen, wie ich wohne, und um aus meinem Fenster ins Grüne zu sehen. Ohne die Sorge um mich hätten ihn nicht zehn Pferde von seinem Dresdner Fenster fortgebracht. Auch dort blickt er ins Grüne. Auch dort gibt es Kohlmeisen, Buchfinken, Amseln und Elstern. Und viel mehr Sperlinge als in Bayern! Wozu also, wenn nicht meinetwegen, hätte er reisen sollen?

Ich selber bin ein bißchen mehr in der Welt herumgekommen als er und unsere Vorfahren. Ich war schon in Kopenhagen und Stockholm, in Moskau und Petersburg, in Paris und London, in Wien und Genf, in Edinburgh und Nizza, in Prag und Venedig, in Dublin und Amsterdam, in Radebeul und Lugano, in Belfast und in Garmisch-Partenkirchen. Aber ich reise nicht gern. Nur, man muß wohl auch in meinem Beruf unterwegs gewesen sein, wenn man daheim, eines schönen Tages vielleicht, Meister werden will. Und Meister werden, das möchte ich schon sehr gerne. Doch das gehört nicht hierher.

Ida Amalia Kästner, meine Mutter, stammt aus einer sächsischen Familie namens Augustin. Im 16. Jahrhundert hießen diese meine Vorfahren noch Augsten und Augstin und Augusten. Und erst um 1650 taucht der Name Augustin in den Kirchenbüchern und den Jahresrechnungen der Stadtkämmerei Döbeln auf.

Woher ich das weiß? Es gibt eine ›Chronik der Familie Augustin‹. Sie reicht bis ins Jahr 1568 zurück. Das war ein interessantes Jahr! Damals sperrte Elisabeth von England die Schottenkönigin Maria Stuart ins Gefängnis, und König Philipp von Spanien tat dasselbe mit seinem Sohne Don Carlos. Herzog Alba ließ in Brüssel die Grafen Egmont und Horn hinrichten. Pieter Brueghel malte sein Bild ›Die Bauernhochzeit‹. Und mein

Vorfahre Hans Augustin wurde vom Stadtkämmerer in Döbeln mit einer Geldstrafe belegt, weil er zu kleine Brote gebacken hatte. Nur wegen dieser Geldstrafe geriet er in die Jahresrechnungen der Stadt und mithin neben Maria Stuart, Don Carlos, Graf Egmont und Pieter Brueghel ins Buch der Geschichte. Wäre er damals nicht erwischt worden, wüßten wir nichts von ihm. Mindestens bis zum Jahre 1577. Denn da wurde er wieder wegen zu kleingeratener Brote und Semmeln erwischt, bestraft und eingetragen! Desgleichen 1578, 1580, 1587 und, zum letzten Mal, im Jahre 1605. Man muß also zu kleine Brötchen backen und sich dabei erwischen lassen, wenn man berühmt werden will! Oder, im Gegenteil, zu große! Doch das hat noch keiner getan. Jedenfalls habe ich nichts dergleichen gehört oder gelesen. – Sein Sohn, Caspar Augustin, heißt in meiner Chronik Caspar I. Auch er war Bäcker und wird in den Annalen Döbelns dreimal erwähnt: 1613, 1621 und 1629. Und warum? Ihr ahnt es schon. Auch Caspar I. buk zu kleine Brötchen! Ja, die Augustins waren ein verwegenes Geschlecht! Aber es half ihnen nicht recht weiter. Obwohl sie Scheunen, Gärten und Wiesen kauften, Hopfen bauten und nicht nur Brot buken, sondern auch Bier brauten. Erst fiel die Pest über die Stadt her und raffte die halbe Familie hin. 1636 plünderten die Kroaten und 1645 die Schweden die kleine sächsische Stadt. Denn es herrschte ja der Dreißigjährige Krieg, und die Soldaten schlachteten das Vieh, verfütterten die Ernte, luden die Betten und das Kupfergeschirr auf Caspar Augustins Pferdewagen, verbrannten, was sie nicht mitnehmen konnten, fuhren mit der Beute davon und freuten sich diebisch auf das nächste Städtchen.

Der Sohn Caspar Augustins hieß gleichfalls Caspar. Die Chronik nennt ihn deshalb Caspar II. Auch er war Bäcker, regierte die Familie bis zum Jahre 1652 und ärgerte sich zu Tode. Denn sein Bruder Johann, der in Danzig lebte, kam nach Kriegsende angereist und verlangte sein Erbteil, das ja doch die Schweden mitgenommen hatten! Er forderte, weil er während des Krieges nicht hatte reisen wollen, sogar beträchtliche Zinsen! Es kam zu einem Prozeß, der mit einem Vergleich endete. Der Vergleich wurde vom Stadtkämmerer fein säuberlich aufgeschrieben, und damit gerieten meine Vorfahren wieder ins Buch der Geschichte. Diesmal nicht mit zu kleinen Brötchen, sondern mit einem Familienstreit. Nun, auch ein Bruderzwist kann sich sehen lassen!

Allmählich merke ich, daß ich mich werde kürzer fassen müssen, wenn ich beizeiten zum eigentlichen Gegenstande dieses Buches gelangen will: zu mir selber. Ich fasse mich also kurz. Was gäbe es auch groß zu berichten? Die Augustins rappelten sich wieder hoch, und jeder – ob nun Wolfgang Augustin oder Johann Georg I., Johann Georg II. oder Johann Georg III. –, ein jeder von ihnen wurde Bäckermeister. 1730 brannte die Stadt ab. Im Siebenjährigen Krieg, als es Döbeln wieder besser erging, kamen die Preußen. Die Stadt wurde eines ihrer Winterquartiere. Denn damals hatte der Krieg im Winter Große Ferien. Das konnte selbst Friedrich der Große nicht ändern. Die Regimenter machten es sich also bequem und vernichteten die feindlichen Städte und Dörfer, statt mit Pulver und Blei, mit ihrem Appetit. Als man sich wieder erholt hatte, kam Napoleon mit seiner Großen Armee, und als er in der Völkerschlacht bei Leipzig geschlagen wurde, waren auch die Augustins wieder einmal am Ende. Denn erstens liegt Döbeln in Leipzigs Nähe. Und zweitens war der König von Sachsen mit Napoleon verbündet gewesen. Er gehörte zu den Verlierern. Und das spürten seine Untertanen, auch die in Döbeln, mehr als er selber.

Doch die Augustins ließen nicht locker. Wieder brachten sie es zu einigem Wohlstand. Wieder als Bäkker, und wieder mit der Genehmigung, Bier zu brauen und zu verkaufen. Dreihundert Jahre waren sie nun schon Bäcker. Trotz Pest und Brand und Kriegen. Da vollzog sich, im Jahre 1847, die große, entscheidende Wendung: Der Bäckermeister Johann Carl Friedrich Augustin eröffnete ein Fuhrgeschäft! Seit diesem historischen Datum haben die Vorfahren meiner Mutter mit Pferden zu tun. Und es ist nicht ihre Schuld, daß das Pferd, dieses herrliche Tier, im Aussterben begriffen ist, und mit dem Pferd der Beruf des Fuhrwerksbesitzers und des Pferdehändlers.

Das dritte Kind Johann Friedrich Augustins wurde Carl Friedrich Louis getauft. Er wurde später, in Kleinpelsen bei Döbeln, Schmied und Pferdehändler. Und Pferdehändler wurden sieben seiner Söhne. Zwei davon brachten es zum Millionär. Mit dem Pferdehandel läßt sich mehr verdienen als mit Brot und Semmeln, selbst wenn sie zu klein geraten. Dazu kommt, daß man Pferde, auch wenn man sie kauft und verkauft, und an ihnen verdient, lieben kann. Bei Brötchen ist das viel, viel schwieriger. Endlich hatten die Augustins ihren wahren Beruf entdeckt!

Der Schmied aus Kleinpelsen wurde mein Großvater. Seine mit Pferden handelnden Söhne wurden meine Onkels. Und seine Tochter Ida Amalia ist meine Mutter. Doch sie gehört nicht hierher. Denn meine Mutter ist ein ganz, ganz andres Kapitel.

Die kleine Ida und ihre Brüder

Meine Mutter kam am 9. April 1871 im Dorfe Kleinpelsen zur Welt. Und auch damals gab es, wie so oft im Leben, gerade Krieg. Deshalb wurde ihr Geburtsort auch nicht halb so berühmt wie im gleichen Jahre Wilhelmshöhe bei Kassel, wo Napoleon III., der Kaiser der Franzosen, interniert, oder wie Versailles bei Paris, wo König Wilhelm von Preußen zum deutschen Kaiser ernannt wurde.

Der französische Kaiser wurde in einem deutschen Schloß eingesperrt, und der deutsche Kaiser wurde in einem französischen Schloß proklamiert. Umgekehrt wär's eigentlich viel einfacher und wesentlich billiger gewesen! Aber die Weltgeschichte kann ja nicht genug kosten! Wenn ein Kolonialwarenhändler in seinem kleinen Laden so viele Dummheiten und Fehler machte wie die Staatsmänner und Generäle in ihren großen Ländern, wäre er in spätestens vier Wochen bankrott. Und er käme ganz und gar nicht ins goldne Buch der Geschichte, sondern ins Kittchen. Doch das gehört, schon wieder einmal, nicht hierher.

Die kleine Ida Augustin, meine zukünftige Mama, verbrachte ihre Kindheit in einem Bauernhaus. Zu diesem Hause gehörte mancherlei: eine Scheune, ein

Vorgärtchen mit Stiefmütterchen und Astern, ein Dutzend Geschwister, ein Hof mit Hühnern, ein alter Obstgarten mit Kirsch- und Pflaumenbäumen, ein Pferdestall, viel Arbeit und ein langer Schulweg. Denn die Schule lag in einem Nachbardorf. Und sehr viel gab's in der Schule im Nachbardorfe nicht zu lernen. Denn sie hatte nur einen einzigen Lehrer und nur zwei Klassen. In der einen Klasse saßen die Kinder vom siebenten bis zum zehnten, in der andern vom elften Lebensjahre bis zur Konfirmation. Da war außer Lesen, Schreiben und Rechnen nichts zu holen, und für die gescheiten Kinder war es schrecklich langweilig! Vier Jahre in ein und derselben Klasse, – es war zum Auswachsen!

Im Sommer war es damals heißer als heutzutage, und im Winter kälter. Woran das gelegen hat, weiß ich nicht. Es gibt Leute, die behaupten, sie wüßten es. Aber ich habe sie im Verdacht, daß sie renommieren.

Im Winter lag der Schnee mitunter so hoch, daß die Haustür nicht aufging! Dann mußten die Kinder durchs Fenster klettern, wenn sie in die Schule wollten. Oder weil mein Großvater meinte, sie sollten wollen! Wenn sich die Tür, trotz des Schnees, öffnen ließ, mußte man mit Schaufeln erst einen Tunnel graben, durch den die Kinder dann ins Freie krochen! Das war zwar ganz lustig, aber die Lustigkeit dauerte nicht lange. Denn der Wind pfiff eisig über die Felder. Man versank im Schnee bis zu den Hüften. Man fror an den Fingern und Zehen und Ohren, daß einem die Tränen in die Augen schossen. Und wenn man schließlich pitschnaß, halb erfroren und zu spät in der Schule ankam, gab es nicht einmal etwas Rechtes und Interessantes zu lernen!

Das alles verdroß die kleine Ida nicht. Sie kletterte aus dem Fenster. Sie kroch durch den Schneetunnel. Sie fror und weinte auf dem Schulweg vor sich hin. Es machte ihr wenig aus. Denn sie war wissensdurstig und wissenshungrig. Sie wollte alles lernen, was der alte Lehrer selber wußte. Und wußte er auch nicht sehr viel, so wußte er doch immer noch etwas mehr als die kleine Ida!

Ihre älteren Brüder – vor allem der Franz, der Robert und der Paul – hatten von der Schule und vom Lernen eine durchaus andre Auffassung. Sie hielten das Herumsitzen im Klassenzimmer für verlorene Zeit. Das bißchen Lesen und Schreiben, das sie später brauchen würden, war rasch gelernt. Und Rechnen? Ich glaube, rechnen konnten die drei Jungen schon in der Wiege, und bevor sie die Worte ›Mutter‹ und ›Vater‹ aussprechen konnten. Das Rechnenkönnen war ihnen angeboren. Wie das Atmen und Hören und Sehen.

Aus diesen Gründen diente ihnen der Schulweg zwar dazu, um von zu Hause wegzukommen, aber sie kamen, oft genug, sonstwo an, nur nicht in der Schule! Wo trieben sich die Bürschchen herum, und was stellten sie an? Spielten sie auf einer abgelegenen Wiese Ball? Warfen sie Fensterscheiben ein? Ärgerten sie einen bissigen Hofhund, der an der Kette zerrte? Dergleichen ließ sich natürlich nicht immer vermeiden. Aber in der Hauptsache taten sie, statt in der Dorfschule zu hocken, eines: Sie handelten mit Kaninchen!

Selbstverständlich hätten sie schon damals lieber mit Pferden gehandelt! Aber Pferde sind anspruchsvolle Tiere und viel zu groß, als daß man sie in Holzkisten verstecken könnte! Außerdem: Kaninchen vermehren sich bekanntlich ›wie die Kaninchen‹. In einem fort kriegen sie Junge. Man braucht nur ein paar Rüben, Möhren und Salatköpfe zu finden, damit die lieben Tierchen satt werden und für prächtigen Nachwuchs sorgen.

Nun, die drei Brüder fanden das nötige Futter. Ich vermute, daß sie es nicht einmal bezahlten. Wer billig einkauft, kann billig verkaufen. Das Geschäft blühte. Die Gebrüder Augustin versorgten Kleinpelsen und Umgebung so lange und so reichlich mit Kaninchen, bis der Ruhm der Firma das Ohr meines Großvaters erreichte. Er war nicht entfernt so stolz auf seine Söhne, wie man hätte glauben sollen. Da sie, als er sie zur Rede stellte, stumm blieben, auch nachdem er sie verprügelt hatte, bis ihm beide Arme wehtaten, knöpfte er sich die kleine Ida vor. Sie erzählte ihm, was sie wußte. Und sie wußte allerlei.

Dem Robert, dem Franz und dem Paul gefiel das ganz und gar nicht. Deshalb unterhielten sie sich anschließend in aller Stille mit der Schwester, und sie hatte nach dieser Unterhaltung noch sehr lange blaue Flecke, die erst grün und dann gelb wurden, bevor sie schließlich wieder verschwanden.

Im Grunde war, abgesehen von den blauen Flecken, die Unterhaltung ergebnislos verlaufen. Fast wie eine internationale Konferenz. Die Schwester hatte erklärt, der Vater habe die Wahrheit wissen wollen, und die

Wahrheit müsse man unter allen Umständen sagen. Das lerne man daheim und in der Schule. Doch die drei Brüder waren viel zu selten daheim und in der Schule gewesen, um diese Ansicht zu teilen. Sie sagten, Ida habe geklatscht. Sie sei kein guter Kamerad und keine ordentliche Schwester. Und sie solle sich schämen.

Wer recht hatte, ist schwer zu entscheiden, und der Streit darüber ist älter als sämtliche Augustins. Er ist so alt wie die Welt! Darf man, den Brüdern zuliebe, die Eltern belügen? Oder muß man, den Eltern zuliebe, die Geschwister anschwärzen?

Hätte mein Großvater auf seine Lausejungen besser aufgepaßt, so hätte er die kleine Ida nicht ausfragen müssen. Aber er war oft unterwegs, um ein Pferd zu kaufen oder zu verkaufen. War das sein Fehler?

Wären die drei Lausejungen brave, musterhafte Knaben gewesen, so hätte die kleine Ida sie nicht verklatschen müssen. Aber der Geschäftsgeist steckte ihnen im Blut. Der Vater handelte mit Pferden. Sie handelten, statt in die Schule zu gehen, mit Kaninchen. War das ihr Fehler?

Der einzige Mensch, der sich Gewissensbisse machte, war die kleine Ida! Und warum? Sie ging brav zur Schule. Sie half wie ein Heinzelmännchen im Haushalt, kümmerte sich um ihre kleineren Geschwister und sagte, als man danach fragte, die Wahrheit. War das ein Fehler?

Liebe Kinder, lest über diese Zeilen nicht hinweg! Worum es sich dreht, ist vielleicht nicht so interessant wie der deutsch-französische Krieg 1870/71 oder wie unerlaubter Kaninchenhandel, aber es ist wichtiger als beides zusammen! Deshalb wiederhole ich die drei Punkte noch einmal!

Erstens: Ein Vater hat für seine Familie, um genug Geld für sie zu verdienen, zu wenig Zeit, erwischt und verprügelt drei seiner zwölf Kinder, und damit ist für ihn alles wieder in bester Ordnung. Zweitens: Drei Jungens schwänzen die Schule, werden vom Vater verprügelt, verhauen eine Schwester, und damit ist für sie alles wieder in Ordnung. Und drittens: Ein kleines kreuzbraves Mädchen, das die Eltern und die Geschwister gernhat, soll die Wahrheit sagen und sagt sie. Und damit gerät für sie alles in Unordnung!

Das war so, und das ist schlimm. Meine Mutter hat ihr Leben lang – und sie ist achtzig Jahre geworden – darunter gelitten, daß sie, damals als kleine Ida, die Wahrheit gesagt hatte! War es nicht Verrat gewesen? Hätte sie lügen sollen? Warum hatte sich der Vater gerade an sie gewendet? Fragen über Fragen! Und keine gescheite Antwort drauf!

Sehr, sehr viel später, als aus dem kleinen Kaninchenzüchter Franz längst der steinreiche Pferdehändler Augustin samt Villa, Auto und Chauffeur geworden war, sollte sich zeigen, daß er das Damals keineswegs vergessen hatte. Ebenso wenig wie meine Mutter. Und wenn wir ihn zu Weihnachten besuchten und friedlich unterm Christbaum saßen, bei Glühwein und Dresdner Rosinenstollen ... Doch das gehört noch nicht hierher.

Das Leben in Kleinpelsen ging seinen Gang. Die Mutter meiner Mutter starb. Eine Stiefmutter kam ins Haus, schenkte dem Schmied und Pferdehändler Carl Friedrich Louis Augustin drei Kinder und liebte die Kinder aus der ersten Ehe genau so innig wie die eignen. Sie war eine gütige noble Frau. Ich habe sie noch gekannt. Ihre Tochter Alma, die Stiefschwester meiner Mutter, hatte, als ich ein kleiner Junge war, in Döbeln, in der Bahnhofstraße, ein Zigarrengeschäft.

So oft die Klingel an der Ladentür schepperte, stand die alte, weißhaarige Frau aus ihrem Lehnstuhl auf, ging hochaufgerichtet in den Laden und bediente die Kundschaft. Ein Päckchen Rauchtabak, Bremer Krullschnitt. Fünf Zigarren à zehn. Eine Rolle Kautabak. Zehn Zigaretten, eine zum Sofortrauchen. Der Laden duftete herrlich. Und die alte Frau, neben der ich hinterm Ladentisch stand, war eine Dame. So hätte es ausgesehen, wenn die Kaiserin Maria Theresia in Döbeln Kautabak verkauft hätte! Doch das gehört nicht hierher.

Wir sind ja noch in Kleinpelsen! Die älteren Schwestern und Brüder der kleinen Ida, die mittlerweile auch älter wurde, waren aus der Schule gekommen. Und aus dem Elternhaus. Lina und Emma gingen, wie man das nannte, ›in Stellung‹. Sie wurden Dienstmädchen. Sie wurden sehr tüchtige Dienstmädchen. Denn das Arbeiten hatten sie ja daheim gründlich studiert.

Und die Brüder, der entlarvte Geheimbund der Kaninchenhändler? Was lernten denn diese Brüder? Den Pferdehandel? Dazu hätte zweierlei gehört: Der sogenannte Pferdeverstand und das sogenannte Kapital. Nun, den Pferdeverstand, den hatten sie! Sie waren im Pferdestall aufgewachsen wie andre Kinder im Kindergarten oder im Kirchenchor. Aber das Geld, das sie gebraucht hätten, das hatte ihr Vater, mein Großvater, nicht. Wenn er ein Pferd kaufte oder verkaufte, war das für ihn und seine Familie eine große Sache. Und wenn ein Pferd im Stall die Druse hatte oder an Kolik einging, war es eine Katastrophe!

Wenn man meinem Großvater damals erzählt hätte, daß seine Söhne Robert und Franz, eines Tages, auf einer einzigen Reise zu den großen europäischen Pferdemärkten in Holstein, Dänemark, Holland und Belgien hundert, ja zweihundert Pferde kaufen würden! Daß ganze Güterzüge voller stampfender Pferde nach Dresden und Döbeln rollen würden, in die Stallungen der berühmten Firmen Augustin! Daß sich die Kommandeure der Kavallerieregimenter und die Generaldirektoren der Brauereien gegenseitig auf die Zehen treten würden, wenn der Robert in Döbeln und der Franz in Dresden ihre frischen Pferde mustern ließen!

Wenn man das meinem Großvater damals erzählt hätte, dann hätte er, trotz seinem beginnenden Asthma, laut gelacht. Er hätte kein Wort geglaubt. Er hätte allerdings auch nicht geglaubt, daß ihn diese selben Söhne, als sie schon wohlhabend waren und er selber arm und sterbenskrank, nahezu vergessen würden. Doch das gehört nicht hierher. Noch nicht.

Er ließ sie das Fleischerhandwerk erlernen, und ihnen war es recht. Die Ahnen waren dreihundert Jahre lang Bäcker gewesen. Die Enkel wurden Fleischer. Warum auch nicht? Ochsen und Schweine sind zwar keine Pferde, aber vierbeinige Tiere sind es immerhin. Und wenn man lange genug Schweine, Hammel und Ochsen totgeschlagen und daraus Koteletts und Leberwurst gemacht hat, kann man sich eines Tages vielleicht doch ein Pferd kaufen! Ein richtiges, großes, lebendiges Pferd, und das Stroh und den Hafer dazu!

Und wenn man erst das erste Pferd billig gekauft, gut gefüttert, gestriegelt, gepflegt und günstig weiterverkauft hatte, war es schon leichter, zwei Pferde zu kaufen und, nach sorgfältiger Wartung, mit Gewinn loszuschlagen. Glück, Geschicklichkeit und Fleiß halfen weiter. Drei Pferde. Vier Pferde. Fünf Pferde. Bei fremden Leuten im Stall. Dann in irgendeinem Hinterhof der erste eigne Stall! Eigne Boxen, eigne Futterkisten, eignes Zaumzeug!

Und noch immer die Fleischerei! Morgens um fünf Uhr auf den Schlachthof, in die Kühlhalle, dann ins Schlachthaus, frische Wurst und Würstchen machen, Schweinefleisch ins Pökelfaß legen, dann mit blütenweißer Schürze und gezogenem Pomadescheitel in den Laden, den Kundinnen zulächeln und beim Fleischwiegen den Daumen heimlich auf die Waage legen, dann zu den Pferden in den Stall, mit dem Pächter einer Fabrikskantine in die Kneipe, damit man den Lieferungsauftrag kriegt, dann einen Posten Hafer billig einhandeln und ein sechsjähriges Pferd als dreijähriges verkaufen, dann zehn Spieße Knoblauchwurst abfassen, wieder hinter die Ladentafel, an den Hackklotz und, nach Geschäftsschluß, die Tageskasse abrechnen, dann in den Pferdestall, wieder in eine Kneipe, wo man den Fuhrhalter einer Möbeltransportfirma einseifen muß, schließlich ins Bett, noch im Traume rechnend und Pferde kaufend, und morgens um fünf Uhr auf den Schlachthof und in die Kühlhalle. Und so weiter. Jahrelang. Man schuftete sich halbtot. Und der jungen Frau Augustin ging's nicht besser. Mit den Pferden hatte sie nichts zu tun. Dafür stand und lächelte sie von früh bis spät im Fleischerladen und bekam außerdem zwei, drei Kinder.

Eines Tages wurde dann die Fleischerei verkauft oder verpachtet. Und nun ging der Pferdehandel erst richtig los!

Drei Brüder meiner Mutter schafften es auf diese Weise. Die drei Kaninchenhändler! Der Robert, der Franz und auch der Paul. Aber der Paul spezialisierte sich auf Kutsch- und Reitpferde und fuhr selber, vornehm wie ein Graf, im Dogcart einspännig durch die Dresdner Straßen. Robert und Franz waren robuster und brachten es noch viel weiter als er.

Die anderen Brüder – der Bruno, der Reinhold, der Arno und der Hugo – versuchten dasselbe. Auch sie begannen als Fleischer und brachten es bis zu zwei, drei Pferden. Doch dann verließ sie das Glück. Oder die Kraft. Oder der Mut. Sie schafften es nicht.

Reinhold starb in den besten Jahren. Arno wurde Gastwirt. Bruno half seinem Bruder Franz als Geschäftsführer. Ein Pferd zerschlug ihm den Unterkiefer, ein anderes ein Bein. So hinkte er durch die Ställe, ließ sich vom Bruder und Chef anbrüllen und brüllte seinerseits die Knechte an. Und Hugo, mein Lieblingsonkel, blieb, nach mehreren verlustreichen Ausflügen ins Land der Pferde, bis ans Lebensende Fleischermeister.

Seine Söhne sind Fleischermeister. Seine Töchter haben Fleischer geheiratet. Seine Enkel sind Fleischermeister. Alle lieben sie die Pferde. Aber die Pferde sind im Aussterben begriffen, und so nützt den Augustins ihr Pferdeverstand nichts mehr. Mit dem Nachfolger des Pferdes, dem Automobil, möchten sie keinen Handel treiben. Denn Autos sind nichts Lebendiges. Sie tun nur so.

Mein Neffe Manfred versuchte, als ganz junger Bursche, etwas Neues. Er wurde Berufsringer! Auch als Ringkämpfer hat man es schließlich mit Lebendigem zu tun. Wenn auch weder mit Ochsen, noch gar mit Pferden, doch immerhin mit Lebewesen. Aber das Geschäft gefiel ihm auf die Dauer nicht recht. Dabei war er gar kein übler Ringer! Ich habe ihm mehrere Male im Münchener Zirkus Krone zugesehen. Den Zuschauern, besonders den Zuschauerinnen, sagte er sehr zu. Auch wenn er, durch Würgegriff oder Beinschere, den einen oder anderen Kampf aufgeben mußte.

Es ist doch wohl leichter, ein halbes Kalb aus dem Schlachthaus über den Hof in den Laden zu tragen, als den ›Stier der Pampas‹ mit seinen drei Zentnern auf die Matte zu legen, wenn man selber knapp zweihundert Pfund wiegt!

Jedenfalls, nun ist auch der Manfred diplomierter Fleischermeister geworden. Auch er! Wenn ich einmal sehr viel Zeit haben sollte, werde ich nachzählen, wieviele Fleischer ich in der Familie habe. Es sind Dutzende! Und ob nun Schmied, Pferdehändler oder Fleischer, – ein einziger von ihnen allen ist Schriftsteller geworden: der kleine Erich, das einzige Kind der kleinen Ida ...

Und sie wundern sich alle ein wenig und immer wieder von neuem, wenn wir einander treffen und beisammensitzen. Und ich wundre mich auch ein bißchen. Nicht über sie. Eher über mich. Denn wenn ich auch von grober Mettwurst und Kalbsnierenbraten etwas mehr verstehe als die durchschnittlichen Nichtfleischermeister und sogar einigen Pferdeverstand besitze, so komme ich mir doch immer wie ein Stief-Augustin vor.

Andrerseits, hat nicht auch das Bücherschreiben mit dem Lebendigen zu tun? Und sogar damit, daß man aus dem Leben einen Beruf macht und es zu Gulasch und Rollschinken verarbeitet? Doch das, geschätzte Leser, gehört nun wirklich nicht hierher!

Meine zukünftigen Eltern lernen sich endlich kennen

Als die kleine Ida ein junges hübsches Mädchen von sechzehn Jahren geworden war, ging auch sie ›in Stellung‹. Ihre jüngeren Schwestern, Martha und Alma, waren jetzt groß genug, um der Mutter zur Hand zu gehen. Das Haus wirkte, mit früheren Zeiten verglichen, fast leer. Ida ließ die Eltern und nur fünf Geschwister zurück. Und neue Kindtaufen gab es nicht mehr.

Sie wurde Stubenmädchen. Auf einem Rittergut bei Leisnig. Sie bediente bei Tisch. Sie bügelte die feine Wäsche. Sie half in der Küche. Sie stickte Monogramme in Tisch- und Taschentücher. Es gefiel ihr gut. Und sie gefiel der Herrschaft. Bis sie eines Abends dem Rittergutsbesitzer, einem flotten Kavallerieoffizier, allzu gut gefiel! Er wollte zärtlich werden, und da stürzte sie vor Schreck aus dem Hause. Rannte im Finstern durch den unheimlichen Wald und über die Stoppelfelder. Bis sie, tief in der Nacht, weinend bei den Eltern anlangte. Tags darauf holte mein Großvater, mit Pferd und Wagen, den Spankorb der Tochter auf dem Rittergut ab. Der schneidige Offizier ließ sich, zu seinem Glück, nicht blicken.

Nach einiger Zeit fand Ida eine neue Stellung. Diesmal in Döbeln. Bei einer alten gelähmten Dame. Sie diente ihr als Vorleserin, Gesellschafterin und Krankenpflegerin. Kavallerieoffiziere, denen sie zu gut hätte gefallen können, waren nicht in der Nähe.

Dafür aber die älteren Schwestern Lina und Emma! Sie hatten inzwischen geheiratet und wohnten in Döbeln. Beide im gleichen Haus: in der Niedermühle. Das war eine richtige Mühle mit einem großen Wasserrad und hölzernen Wehrgängen. Und der Müller mahlte aus dem Weizen und Roggen, den ihm die Bauern brachten, weißes Mehl, das sie dann, in Zentnersäcken, abholten und den Bäckern und Krämern der Gegend verkauften.

Meine Tante Lina hatte einen Vetter geheiratet, der ein Fuhrgeschäft betrieb, und so hieß sie auch nach der Hochzeit, genau wie vorher, Augustin. Tante Emma, die ein Stockwerk höher wohnte, hieß jetzt Emma Hanns, und ihr Mann handelte mit Obst. Er hatte die endlosen Pflaumen- und Kirschenalleen gepachtet, die, rings um die Stadt, die Dörfer miteinander verbanden. Und wenn sich die Bäume unter der Last der reifen Kirschen und Pflaumen bogen, mietete er viele Männer und Frauen zum Pflücken. Das Obst kam in große Weidenkörbe und wurde auf dem Döbelner Wochenmarkt verkauft.

In manchen Jahren war die Ernte gut. In anderen Jahren war sie schlecht. Die Hitze, der Regen und der Hagelschlag waren des Onkels Feinde. Und oft genug war der Verkaufserlös kleiner als die Pachtsumme. Dann mußte Onkel Hanns Geld borgen, und einen Teil davon vertrank er vor Kummer in den Wirtshäusern.

In solchen Stunden stieg Tante Emma zu Tante Lina hinunter, um ihren Kummer zu klagen. Weil auch das Fuhrgeschäft nicht sonderlich florierte, klagte Tante Lina ihr eignes Leid. So klagten sie zu zweit. Die kleinen Kinder, die in der Stube herumkrochen, ließen sich das nicht zweimal sagen. Sie weinten im Chor, was das Zeug hielt. Und wenn die Schwester Ida, meine zukünftige Mutter, grad zu Besuch war und das traurige Konzert anhörte, machte sie sich ihre eignen Gedanken. Auch noch auf dem Weg zurück ins Haus der alten gelähmten Dame, der sie bis spät in die Nacht blöde Romane vorlesen mußte. Manchmal schlief sie vor lauter Müdigkeit überm Vorlesen ein und wachte erst wieder, zu Tode erschrocken, auf, wenn die alte Dame wütend mit dem Stock auf den Boden stampfte und die pflichtvergessene Person auszankte!

Was war wohl für ein hübsches, aber armes Mädchen besser? Vor Offizieren davonzulaufen? Gelähmten Damen dumme Bücher vorzulesen und darüber einzuschlafen? Oder sich zu verheiraten und alte Sorgen gegen neue einzutauschen? Hagelwetter gab es überall. Nicht nur dort, wo die Kirschalleen übers Land liefen.

Heutzutage wird ein junges fleißiges Mädchen, wenn das Geld fürs Studieren nicht reicht, Sekretärin, Empfangsdame, Heilgehilfin, Vertreterin für Eisschränke oder Babykleidung, Bankangestellte, Dolmetscherin, Mannequin, Fotomodell, vielleicht sogar, nach Jahren,

Leiterin einer Schuhfiliale oder zeichnungsberechtigte Prokuristin einer Zweigstelle der Commerzbank, – das alles gab es damals noch nicht. Schon gar nicht in einer Kleinstadt. Heute gibt es einhundertfünfundachtzig Frauenberufe, hab ich in der Zeitung gelesen. Damals blieb man ein alterndes Dienstmädchen, oder man heiratete. War es nicht besser, in der eignen Wohnung für den eignen Mann als in einem fremden Haushalt für fremde Leute zu waschen, zu nähen und zu kochen?

Die Schwestern in der Niedermühle berieten hin und her. Sie meinten schließlich, eigne Sorgen seien eben doch ein bißchen weniger schlimm als fremde Sorgen. Und so suchten sie, trotz all ihrem Kummer und Ärger, trotz der Arbeit und des Kindergeschreis, in der freien Zeit, die ihnen übrigblieb, für die Schwester Ida einen Bräutigam!

Und da sie zu zweit und sehr energisch suchten, fanden sie auch bald einen Kandidaten, der ihnen geeignet erschien. Er war vierundzwanzig Jahre alt, arbeitete bei einem Döbelner Sattlermeister, wohnte in der Nachbarschaft zur Untermiete, war fleißig und tüchtig, trank nicht über den Durst, sparte jeden Groschen, weil er sich selbständig machen wollte, stammte aus Penig an der Mulde, suchte eine Werkstatt, einen Laden und eine junge Frau und hieß Emil Kästner.

Tante Lina lud den jungen Mann an einigen Sonntagen zu Kaffee und selbstgebacknem Kuchen in die Niedermühle ein. So lernte er die Schwester Ida kennen, und sie gefiel ihm ausnehmend gut. Ein paar Male führte er sie auch zum Tanz aus. Aber er war kein guter

Tänzer, und so ließen sie es bald wieder bleiben. Ihm machte das nichts aus. Er suchte ja keine Tänzerin, sondern eine tüchtige Frau fürs Leben und fürs künftige Geschäft! Und dafür schien ihm die zwanzigjährige Ida Augustin die Richtige zu sein.

Für Ida lag die Sache nicht ganz so einfach. »Ich liebe ihn doch gar nicht!« sagte sie zu den älteren Schwestern. Lina und Emma hielten von der Liebe, wie sie in Romanen stattfindet, sehr wenig. Ein junges Mädchen verstehe sowieso von der Liebe nichts. Außerdem komme die Liebe mit der Ehe. Und wenn nicht, so sei das auch kein Beinbruch, denn die Ehe bestehe aus Arbeit, Sparen, Kochen und Kinderkriegen. Die Liebe sei höchstens so wichtig wie ein Sonntagshut. Und ohne einen Extrahut für sonntags komme man auch ganz gut durchs Leben!

So wurden Ida Augustin und Emil Kästner am 31. Juli 1892 in der protestantischen Dorfkirche zu Börtewitz getraut. Und im Vaterhaus in Kleinpelsen fand die Hochzeitsfeier statt. Die Eltern und alle Geschwister der Braut und die Eltern und sämtliche Geschwister des Bräutigams waren anwesend. Es ging hoch her. Der Brautvater ließ sich nicht lumpen. Es gab Schweinebraten und Klöße und Wein und selbstgebacknen Streuselkuchen und Quarkkuchen und echten Bohnenkaffee! Und auf das Glück des jungen Paares wurden mehrere Reden gehalten. Man wünschte den beiden viel Erfolg, viel Geld und gesunde Kinder. Man stieß mit den Weingläsern an und war gerührt. Wie das bei solchen Festen üblich ist.

Wenn man sich überlegt, von welchen Zufällen es abhängt, daß man eines Tages in der Wiege liegt, brüllt und ›man selber‹ geworden ist! Wenn der junge Sattler von Penig nicht nach Döbeln gezogen wäre, sondern beispielsweise nach Leipzig oder Chemnitz, oder wenn das Stubenmädchen Ida nicht ihn geheiratet hätte, sondern, zum Beispiel, einen Klempnermeister Schanze oder einen Buchhalter Pietsch, wäre ich nie auf die Welt gekommen! Dann hätte es nie einen gewissen Erich Kästner gegeben, der jetzt vor seinem Schreibblock sitzt und euch von seiner Kindheit erzählen will! Niemals!

Das täte mir, bei Lichte betrachtet, sehr leid. Andrerseits: Wenn es mich nicht gäbe, könnte es mir eigentlich gar nicht leidtun, daß ich nicht auf der Welt wäre! Nun gibt es mich aber, und ich bin im Grunde ganz froh darüber. Man hat viel Freude davon, daß man lebt. Freilich auch viel Ärger. Aber wenn man nicht lebte, was hätte man dann? Keine Freude. Nicht einmal Ärger. Sondern gar nichts! Überhaupt nichts! Also, dann hab ich schon lieber Ärger.

Das junge Ehepaar eröffnete in der Ritterstraße in Döbeln eine Sattlerei. Ida Kästner, geborene Augustin, ging, wenn es klingelte, in den Laden und verkaufte Portemonnaies, Brieftaschen, Schulranzen, Aktenmappen und Hundeleinen. Emil Kästner saß in der Werkstatt und arbeitete. Am liebsten verfertigte er Sättel, Kumte, Zaumzeug, Satteltaschen, Reitstiefel, Peitschen und überhaupt alles, was aus Leder für Reit-, Kutsch- und Zugpferde gebraucht wurde.

Er war ein vorzüglicher Handwerker. Er war in seinem Fach ein Künstler! Und die neunziger Jahre des vorigen Jahrhunderts waren zudem für einen jungen Sattlermeister außerordentlich günstig. Es herrschte wachsender Wohlstand, und viele reiche Leute hielten sich Pferd und Equipage oder Reitpferde. Die Brauereien, die Fabriken, die Baufirmen, die Möbeltransporteure, die Bauern, die Großkaufleute und die Rittergutsbesitzer, sie alle brauchten Pferde, und alle Pferde brauchten Lederzeug! Und in den kleinen Städten ringsum lagen Kavallerieregimenter in Garnison, in Borna, in Grimma, in Oschatz. Husaren, Ulanen, berittene Artillerie, reitende Jäger! Alle hoch zu Roß, und die Leutnants, die Eskadron- und Schwadronchefs auf Eigentumspferden mit besonders elegantem Sattelzeug! Und überall gab es Pferderennen, Reitturniere und Pferdeausstellungen! Heute gibt es Lastautos, Sportwagen, Panzer, damals gab es Pferde, Pferde, Pferde!

Mein zukünftiger Vater war zwar ein erstklassiger Handwerker, ja ein Lederkünstler, aber ein schlechter Geschäftsmann. Und eines hing mit dem andern eng zusammen. Der Schulranzen, den er mir 1906 machte, war, als ich 1913 konfirmiert wurde, noch genauso neu wie an meinem ersten Schultage. Er wurde dann an irgendein Kind in der Verwandtschaft verschenkt und immer wieder weitervererbt, sobald das jeweilige Kind aus der Schule kam. Ich weiß nicht, wo mein guter alter brauner Ranzen heute steckt. Doch ich würde mich nicht wundern, wenn er nach wie vor auf dem Rücken eines kleinen Kästners oder Augustins zur Schule ginge!

Doch das gehört noch nicht hierher. Wir befinden uns ja erst im Jahre 1892. (Und müssen noch sieben Jahre warten, bis ich auf die Welt komme!)

Jedenfalls, wer Schulranzen macht, die nie kaputtgehen, verdient zwar höchstes Lob, aber es ist für ihn und seine Zunft ein schlechtes Geschäft. Wenn ein Kind drei Ranzen braucht, so ist der Umsatz wesentlich höher, als wenn drei Kinder einen Ranzen brauchen. In dem einen Fall würden drei Kinder neun Ranzen brauchen, im andern Fall einen einzigen. Das ist ein kleiner Unterschied.

Der Sattlermeister Kästner stellte also unverwüstliche Ranzen her, unzerreißbare Mappen und ewige Herren- und Damensättel. Natürlich waren seine Erzeugnisse etwas teurer als anderswo. Denn er verwendete das beste Leder, den besten Filz, den besten Faden und sein bestes Können. Den Kunden gefielen seine Arbeiten weit besser als seine Preise, und mancher ging wieder aus dem Laden hinaus, ohne gekauft zu haben.

Es soll sogar einmal vorgekommen sein, daß ein Husarenrittmeister einen besonders schönen Sattel trotz des hohen Preises kaufen wollte. Aber plötzlich gab mein Vater den Sattel nicht her! Er gefiel ihm selber zu gut! Dabei konnte er nicht reiten und hatte kein Pferd, – ihm war nur eben zumute wie einem Maler, der sein bestes Bild verkaufen soll und lieber hungert, als es fremden Menschen für Geld auszuliefern! Handwerker und Künstler scheinen miteinander verwandt zu sein.

Die Geschichte mit dem Rittmeister hat mir meine Mutter erzählt. Und mein Vater, den ich im vorigen Sommer danach fragte, sagte, es sei kein wahres Wort daran. Aber ich möchte trotzdem wetten, daß die Geschichte stimmt.

Jedenfalls stimmt es, daß er ein zu guter Sattler und ein zu schlechter Geschäftsmann war, um den nötigen Erfolg zu haben. Der Laden ging mäßig. Der Umsatz blieb niedrig. Die Unkosten blieben hoch. Aus kleinen Schulden wurden größere Schulden. Meine Mutter holte ihr Geld von der Sparkasse. Doch auch das half nicht lange.

Im Jahr 1895 verkaufte der achtundzwanzigjährige Sattler Emil Kästner den Laden und die Werkstatt mit Verlust, und die jungen Eheleute überlegten, was sie nun beginnen sollten. Da kam ein Brief aus Dresden! Von einem Verwandten meines Vaters. Alle nannten ihn Onkel Riedel. Er war Zimmermann gewesen, hatte selber lange auf dem Bau gearbeitet und schließlich einen guten Einfall gehabt. Er hatte zwar nicht den Flaschenzug erfunden, wohl aber die nützliche Verwendung des Flaschenzugs beim Häuserbau. Onkel Riedel erfand gewissermaßen den ›Großeinsatz‹ des Flaschenzugs. Er vermietete Flaschenzüge und alle anderen einschlägigen Geräte dutzendweise an kleinere Baufirmen und Bauherren und brachte es damit zu einigem Vermögen.

Was ein Flaschenzug ist, laßt ihr euch am besten von eurem Vater oder einem Lehrer erklären. Zur Not könnte ich's zwar auch, aber es würde mich eine Menge Papier und Nachdenken kosten. Im Grunde handelt es sich darum, daß die Maurer und Zimmerleute nun nicht mehr jeden Ziegelstein und Balken auf Leitern hochschleppen mußten, sondern am Neubau über ein Rollensystem an Seilen hochkurbeln und in der gewünschten Etagenhöhe einschwenken und abladen konnten.

Damit verdiente also mein Onkel Riedel ganz schönes Geld, und er hat mir später manches goldne Zehn- und Zwanzigmarkstück zu Weihnachten und zu meinem Geburtstag geschenkt! Ach ja, der Onkel Riedel mit seinen Flaschenzügen, das war ein netter, würdiger Mann! Und die Tante Riedel auch. Das heißt, die Tante Riedel war kein netter Mann, sondern eine nette Frau. In ihrem Wohnzimmer stand ein großer Porzellanpudel am Ofen. Und einen Schaukelstuhl hatten sie außerdem.

Onkel Riedel schrieb also seinem Neffen Emil, er möge doch nach Dresden, der sächsischen Residenzstadt, ziehen. Mit dem eignen Geschäft und größeren Plänen sei es ja nun wohl für längere Zeit Essig. Es gäbe aber andere Möglichkeiten für tüchtige Sattlermeister. So hätten sich beispielsweise die großen bestickten Reisetaschen und die unförmigen Spankörbe völlig überlebt. Die Zukunft, vielleicht auch die des tüchtigen Neffen Emil, gehöre den Lederkoffern! Es gäbe in Dresden bereits Kofferfabriken!

Und so zogen meine zukünftigen Eltern mit Sack und Pack in die königlich sächsische Haupt- und Residenzstadt Dresden. In die Stadt, wo ich geboren werden sollte. Aber damit ließ ich mir noch vier Jahre Zeit.

Koffer, Leibbinden und blonde Locken

Dresden war eine wunderbare Stadt, voller Kunst und Geschichte und trotzdem kein von sechshundertfünfzigtausend Dresdnern zufällig bewohntes Museum. Die Vergangenheit und die Gegenwart lebten miteinander im Einklang. Eigentlich müßte es heißen: im Zweiklang. Und mit der Landschaft zusammen, mit der Elbe, den Brücken, den Hügelhängen, den Wäldern und mit den Gebirgen am Horizont, ergab sich sogar ein Dreiklang. Geschichte, Kunst und Natur schwebten über Stadt und Tal, vom Meißner Dom bis zum Großsedlitzer Schloßpark, wie ein von seiner eignen Harmonie bezauberter Akkord.

Als ich ein kleiner Junge war und mein Vater, an einem hellen Sommerabend, mit mir zum Waldschlößchen spazierte, weil es dort ein Kasperletheater gab, das ich innig liebte, machte er plötzlich halt und sagte: »Hier stand früher ein Gasthaus. Das hatte einen seltsamen Namen. Es hieß ›Zur stillen Musik‹!« Ich blickte ihn verwundert an. ›Zur stillen Musik‹? Das war wirklich und wahrhaftig ein seltsamer Name! Er klang so merkwürdig und so heiter verwunschen, daß ich ihn nicht mehr vergessen konnte. Ich dachte damals: ›Entweder macht man in einem Gasthaus Musik, oder es ist still. Aber eine stille Musik, die gibt es nicht.‹

Wenn ich später an der gleichen Stelle stehenblieb und auf die Stadt hinabschaute, zum Wielisch und zur Babisnauer Pappel hinüber und elbaufwärts bis zur Festung Königstein, dann verstand ich, von Jahr zu Jahr, den Gastwirt, der ja längst tot und dessen Gasthaus längst verschwunden war, immer besser. Ein Philosoph, das wußte ich damals schon, hatte die Architektur, die Dome und Paläste, ›gefrorene Musik‹ genannt. Dieser sächsische Philosoph war eigentlich ein Dichter. Und ein Gastwirt hatte, auf den silbernen Fluß und das goldene Dresden blickend, sein Gasthaus ›Zur stillen Musik‹ getauft. Nun, auch mein sächsischer Gastwirt war wohl eigentlich ein Dichter gewesen.

Wenn es zutreffen sollte, daß ich nicht nur weiß, was schlimm und häßlich, sondern auch, was schön ist, so verdanke ich diese Gabe dem Glück, in Dresden aufgewachsen zu sein. Ich mußte, was schön sei, nicht erst aus Büchern lernen. Nicht in der Schule, und nicht auf der Universität. Ich durfte die Schönheit einatmen wie Försterkinder die Waldluft. Die katholische Hofkirche, Georg Bährs Frauenkirche, der Zwinger, das Pillnitzer Schloß, das Japanische Palais, der Jüdenhof und das Dinglingerhaus, die Rampische Straße mit ihren Barockfassaden, die Renaissance-Erker in der Schloßstraße, das Coselpalais, das Palais im Großen Garten mit den kleinen Kavaliershäusern und gar, von der Loschwitzhöhe aus, der Blick auf die Silhouette der Stadt mit ihren edlen, ehrwürdigen Türmen, – doch es hat ja keinen Sinn, die Schönheit wie das Einmaleins herunterzubeten!

Mit Worten kann man nicht einmal einen Stuhl so genau beschreiben, daß ihn der Tischlermeister Kunze in seiner Werkstatt nachbauen könnte! Wieviel weniger das Schloß Moritzburg mit seinen vier Rundtürmen, die sich im Wasser spiegeln! Oder die Vase des Italieners Corradini am Palaisteich, schrägüber vom Café Pollender! Oder das Kronentor im Zwinger! Ich sehe schon: Ich werde den Herrn Illustrator bitten müssen, für dieses Kapitel eine Reihe Zeichnungen zu machen. Damit ihr, bei deren Anblick, wenigstens ein wenig ahnt und spürt, wie schön meine Heimatstadt gewesen ist!

Vielleicht frage ich ihn sogar, ob er Zeit hat, eines der Kavaliershäuschen zu zeichnen, die das Palais im Großen Garten flankierten! ›In einem davon‹, dachte ich als junger Mann, ›würdest du fürs Leben gerne wohnen! Womöglich wirst du eines Tages berühmt, und dann kommt der Bürgermeister, mit seiner goldenen Kette um den Hals, und schenkt es dir im Namen der Stadt.‹ Da wäre ich dann also mit meiner Bibliothek eingezogen. Morgens hätte ich im Palaiscafé gefrühstückt und die Schwäne gefüttert. Anschließend wäre ich durch die alten Alleen, den blühenden Rhododendronhain und rund um den Carolasee spaziert. Mittags hätte sich der Kavalier zwei Spiegeleier gebraten und anschließend, bei offenem Fenster, ein Schläfchen geleistet. Später wäre ich, nur eben um die Ecke, in den Zoo gegangen. Oder in die Große Blumenausstellung.

Oder ins Hygienemuseum. Oder zum Pferderennen nach Reick. Und nachts hätte ich, wieder bei offenem Fenster, herrlich geschlafen. Als einziger Mensch in dem großen, alten Park. Ich hätte von August dem Starken geträumt, von Aurora von Königsmarck und der ebenso schönen wie unglücklichen Gräfin Cosel.

Wann ich dann wohl gearbeitet hätte, wollt ihr wissen? Wie kann man nur so neugierig sein! Das hätten doch die Heinzelmännchen besorgt! Die Nachkommen der königlich polnischen, kursächsischen Hofzwerge! Sehr kleine, sehr tüchtige Leute! Sie hätten, nach knappen Angaben von mir, auf winzigen Schreibmaschinen meine Gedichte und Romane geschrieben, und ich wäre inzwischen auf dem Apfelschimmel Almansor, meinem Lieblingspferd, über die breiten dunkelbraunen Reitwege galoppiert. Bis zur ›Pikardie‹. Dort hätten ich und Almansor Kaffee getrunken und Streuselkuchen verzehrt! Doch Hofzwerge, die Gedichte schreiben, und Pferde, die Kuchen fressen, gehören nicht hierher.

Ja, Dresden war eine wunderbare Stadt. Ihr könnt es mir glauben. Und ihr müßt es mir glauben! Keiner von euch, und wenn sein Vater noch so reich wäre, kann mit der Eisenbahn hinfahren, um nachzusehen, ob ich rechthabe. Denn die Stadt Dresden gibt es nicht mehr. Sie ist, bis auf einige Reste, vom Erdboden verschwunden. Der Zweite Weltkrieg hat sie, in einer einzigen Nacht und mit einer einzigen Handbewegung, weggewischt. Jahrhunderte hatten ihre unvergleichliche Schönheit geschaffen. Ein paar Stunden genügten, um sie vom Erdboden fortzuhexen. Das geschah am 13. Februar 1945. Achthundert Flugzeuge warfen Spreng- und Brandbomben. Und was übrigblieb, war eine Wüste. Mit ein paar riesigen Trümmern, die aussahen wie gekenterte Ozeandampfer.

Ich habe, zwei Jahre später, mitten in dieser endlosen Wüste gestanden und wußte nicht, wo ich war. Zwischen zerbrochenen, verstaubten Ziegelsteinen lag ein Straßenschild. ›Prager Straße‹ entzifferte ich mühsam. Ich stand auf der Prager Straße? Auf der weltberühmten Prager Straße? Auf der prächtigsten Straße meiner Kindheit? Auf der Straße mit den schönsten Schaufenstern? Auf der herrlichsten Straße der Weihnachtszeit? Ich stand in einer kilometerlangen, kilometerbreiten Leere. In einer Ziegelsteppe. Im Garnichts.

Noch heute streiten sich die Regierungen der Großmächte, wer Dresden ermordet hat. Noch heute streitet man sich, ob unter dem Garnichts fünfzigtausend, hunderttausend oder zweihunderttausend Tote liegen. Und niemand will es gewesen sein. Jeder sagt, die anderen seien dran schuld. Ach, was soll der Streit? Damit macht ihr Dresden nicht wieder lebendig! Nicht die Schönheit und nicht die Toten! Bestraft künftig die Regierungen, und nicht die Völker! Und bestraft sie nicht erst hinterher, sondern sofort! Das klingt einfacher, als es ist? Nein. Das ist einfacher als es klingt.

Im Jahre 1895 zogen also meine Eltern mit Sack und Pack nach Dresden. Emil Kästner, der so gerne selbständiger Meister geblieben wäre, wurde Facharbeiter.

Das Maschinenzeitalter rollte wie ein Panzer über das Handwerk und die Selbständigkeit hinweg. Die Schuhfabriken besiegten die Schuhmacher, die Möbelfabriken die Tischler, die Textilfabriken die Weber, die Porzellanfabriken die Töpfer und die Kofferfabriken die Sattler. Die Maschinen arbeiteten schneller und billiger. Schon gab es Brotfabriken und Wurstfabriken und Hutfabriken und Marmeladefabriken und Papierfabriken und Essigfabriken und Knopffabriken und saure Gurkenfabriken und tote Blumenfabriken. Die Handwerker lieferten ein zähes Rückzugsgefecht, und sie wehren sich heute noch. Es ist ein bewundernswerter, aber aussichtsloser Kampf.

In Amerika ist er schon entschieden. Zum Herrenschneider, der gründlich Maß nimmt und zwei bis drei Anproben braucht, gehen dort nur noch ein paar Millionäre. Die anderen Männer gehen rasch in ein Geschäft hinein, ziehen den alten Anzug aus und einen nagelneuen an, legen Geld auf den Tisch und stehen schon wieder auf der Straße. Es geht wie das Brezelbakken. Aber nicht wie das Brezelbacken beim Bäcker, sondern in der Brezelfabrik.

Der Fortschritt hat seine Vorteile. Man spart Zeit, und man spart Geld. Ich gehe lieber zum Maßschneider. Er kennt meinen Geschmack, ich kenne seinen Geschmack, und Herr Schmitz, der Zuschneider, kennt unsern Geschmack. Das ist umständlich, teuer und altmodisch. Aber uns drei Männern ist es recht. Und während der Anproben wird viel gelacht. Erst vorgestern war ich wieder einmal dort. Es wird ein hellblauer

Sommeranzug, federleicht, das Material heißt ›Fresko‹, lockerer Jackensitz, zweireihig, nur ein Paar Knöpfe, der zweite Knopf innen zum Gegenknöpfen, Hosenweite über den Schuhen vierundvierzig Zentimeter, – o jeh! da fällt mir ja ein, daß ich zur Anprobe muß! Stattdessen sitze ich an der Schreibmaschine! Dabei gehöre ich gar nicht hierher!

So. Da bin ich wieder. Es wird ein schöner Anzug. Wir drei sind sehr zufrieden. Und wo war ich stehengeblieben? Richtig, bei meinem zukünftigen Vater. Bei Emil Kästners ausgeträumtem Traum. Der alte Spruch ›Handwerk hat goldnen Boden‹ war nicht mehr wahr. Die eigne Werkstatt, dicht neben der Wohnung, existierte nicht mehr. Die Lehr- und Hungerjahre, die Hunger- und Wanderjahre, die drei Meister- und Kummerjahre waren vergeblich gewesen. Der Traum war aus. Das Geld war fort. Schulden mußten abgezahlt werden. Die Maschinen hatten gesiegt.

Morgens um sechs Uhr rasselte der Wecker. Eine halbe Stunde lief der junge Mann, über die Albertbrücke, quer durch Dresden bis in die Trinitatisstraße. Bis zur Kofferfabrik Lippold. Hier arbeitete er mit anderen ehemaligen Handwerkern an Lederteilen, die zu Koffern zusammengenäht und -genietet wurden, bis sie einander glichen wie ein Ei dem andern. Abends kam er müde zu seiner Frau nach Hause. Samstags brachte er die Lohntüte heim. Neue Anschaffungen, alte Schulden, das Geld reichte nicht.

Da sah sich auch Ida Kästner, geborene Augustin, nach Arbeit um. Nach einer Arbeit, die sie zu Hause tun konnte. Denn sie haßte die Fabriken, als wären es Gefängnisse. Sie fand es schon schlimm genug, daß ihr Mann in die Fabrik ging. Es war nicht zu ändern. Er hatte sich unters Joch der Maschinen beugen müssen. Aber sie? Niemals! Und wenn sie sechzehn Stunden hätte daheim schuften müssen statt acht Stunden in der Fabrik, ihr wär es recht gewesen! Und es war ihr recht.

Sie begann, für eine Firma im Stücklohn Leibbinden zu nähen. Derbe, breite, korsettähnliche Leinenbinden für dicke Frauen. Sie schleppte schwere, unförmige Pakete mit vorfabrizierten Teilen dieser Binden nach Hause. Bis spät in die Nacht hockte sie an der Nähmaschine mit Fußantrieb. Manchmal sprang der Treibriemen aus den Rädern. Oft zerbrachen die Nadeln. Es war eine Schinderei für ein paar Pfennige. Aber hundert Leibbinden brachten eben doch ein paar Mark ein. Das half ein wenig. Es war besser als nichts.

Im Spätherbst des Jahres 1898 unterbrach Ida Kästner diese Heimarbeit und nähte stattdessen Babywäsche. Immer schon hatte sie sich ein Kind gewünscht. Nie hatte sie daran gezweifelt, daß es ein kleiner Junge sein werde. Und da sie es ihr Leben lang liebte rechtzubehalten, sollte sie auch diesmal rechthaben.

Am 23. Februar 1899, morgens gegen vier Uhr, nach fast siebenjähriger Ehe, brachte sie, in der Königsbrücker Straße 66, einen kleinen Jungen zur Welt, der den Kopf voller goldblonder Locken hatte. Und Frau Schröder, die resolute Hebamme, meinte anerkennend: »Das ist aber ein hübsches Kind!«

Nun ja, die blonden Locken hielten nicht sehr lange vor. Aber ich besitze noch heute eine angegilbte Fotografie aus meinen ersten Lebenstagen, die den künftigen Verfasser bekannter und beliebter Bücher im kurzen Hemd auf einem Eisbärenfell zeigt, und auf dem Kinderkopf ringeln sich tatsächlich seidenfeine, hellblonde Locken! Da nun Fotografien nicht lügen können, dürfte der Beweis einwandfrei erbracht sein. Andrerseits, – ist euch schon aufgefallen, daß alle Leute, samt und sonders und ohne jede Ausnahme, auf ihren Fotos viel zu große Ohren haben? Viel, viel größere Ohren als in Wirklichkeit? So groß, daß man glauben möchte, sie könnten sich nachts damit zudecken? Sollten Fotografien also doch gelegentlich schwindeln?

Jedenfalls, ob nun blond oder braun, wurde ich bald darauf in der schönen alten Dreikönigskirche an der Hauptstraße protestantisch getauft und erhielt feierlich die Vornamen EMIL ERICH. In der gleichen Kirche wurde ich, vom gleichen Pfarrer Winter, am Palmsonntag des Jahres 1913 konfirmiert. Und noch einige Jahre später betätigte ich mich hier an den Sonntagvormittagen als Helfer beim Kindergottesdienst. Doch das gehört nicht hierher.

Die Königsbrücker Straße und ich

Die Königsbrücker Straße begann, als Verlängerung der Achse Prager Straße, Schloßstraße, Augustusbrücke, Hauptstraße und Albertplatz, freundlich und harmlos. Mit ›Hollacks Festsälen‹, einer alten Gastwirtschaft nebst Vorgarten, auf der einen und mit der von Nold'schen Privatschule ›für höhere Töchter‹ auf der andren Seite. Damals gab es noch ›höhere‹ Töchter! So nannte man Mädchen, deren Väter adlig waren oder eine Menge Geld verdienten. Höhere Töchter hießen sie vielleicht, weil sie die Nase höher trugen als die anderen. Es gab aber auch ›höhere Schulen‹, und noch höher als die höheren waren die Hochschulen.

Und auch sonst war man nicht gerade bescheiden. An vornehmen Haustüren stand ›Eingang nur für Herrschaften‹ und an den Hintertüren ›Für Lieferanten und Dienstboten‹. Die Herrschaften hatten ihre eignen Treppen mit weichen Teppichläufern. Die Dienstboten und Lieferanten mußten die Hintertreppe benutzen. Sonst wurden sie vom Hausmeister ausgeschimpft und zurückgeschickt. An den hochherrschaftlichen Türen erklärten hochherrschaftliche Porzellanschilder streng und energisch: ›Betteln und Hausieren verboten!‹ Wieder andre Schilder benahmen sich höflicher und bemerkten: ›Es wird gebeten, die Füße abzustreichen‹. Habt ihr es einmal versucht? Ich weiß bis heute noch nicht, was man tun muß, um sich ›die Füße abzustreichen‹. Ich wüßte zur Not, was man anstellen müßte, um sie sich anzustreichen! Andrerseits, so hochherrschaftlich kann keine Villa sein, daß ich mir an der höchstherrschaftlichen Haustür die Füße lackierte!

In solchen Fällen pflegt mein Vater zu sagen: »Sachen gibt's, die gibt's gar nicht!« Nun ja, fast alle diese Schilder sind mittlerweile verschwunden. Sie sind ausgestorben. Auch die Göttinnen und Nymphen aus Bronze und Marmor, die nackt und ratlos am Treppenaufgang herumstanden, wie bestellt und nicht abgeholt. Höhere Töchter und bessere Herrschaften gibt es allerdings auch heute noch. Sie heißen nur nicht mehr so. Es steht nicht mehr auf Schildern.

In den drei Häusern meiner Kindheit gab es keine Marmorgöttinnen, keine Nymphen aus Bronze und keine höheren Töchter. Je mehr sich die Königsbrücker Straße von der Elbe entfernte, um so unfeierlicher und unherrschaftlicher geriet sie. Die Vorgärten wurden seltener und schmäler. Die Häuser waren höher, meistens vierstöckig, und die Mieten waren billiger. Es kam das ›Volkswohl‹, ein gemeinnütziges Unternehmen, mit der Volksküche, der Volksbücherei und einem Spielplatz, der im Winter in eine Eisbahn verwandelt wurde. Es kamen der Konsumverein, Bäckereien, Fleischereien, Gemüseläden, kleine Kneipen, eine Fahrradhand-

lung, zwei Papierläden, ein Uhrengeschäft, ein Schuhgeschäft und der Görlitzer Wareneinkaufsverein.

In diesem Viertel lagen die drei Häuser meiner Kindheit. Mit den Hausnummern 66, 48 und 38. Geboren
wurde ich in einer vierten Etage. In der 48 wohnten wir
im dritten und in der 38 im zweiten Stock. Wir zogen
tiefer, weil es mit uns bergauf ging. Wir näherten uns
den Häusern mit den Vorgärten, ohne sie zu erreichen.

Je weiter unsere Straße aus der Stadt hinausführte,
um so mehr veränderte sie sich. Sie durchquerte das
Kasernenviertel. In ihrer Nähe, auf leichten Anhöhen,
lagen die Schützenkaserne, die beiden Grenadierkaser-
nen, die Kaserne des Infanterieregiments 177, die Gar-
dereiterkaserne, die Trainkaserne und die zwei Artil-
leriekasernen. Und an der Königsbrücker Straße selber
lagen die Pionierkaserne, die Militärbäckerei, das Militärgefängnis und das Arsenal, dessen Munitionsdepot
eines Tages in die Luft fliegen würde.

»Das Arsenal brennt!« Ich höre die Schreie heute
noch. Flammen und Rauch bedeckten den Himmel.
Die Feuerwehr, die Polizei und die Sanitätswagen der
Stadt und der Umgegend jagten in Kolonnen den Flam-
men und dem Rauch entgegen, und hinter ihnen, außer
Atem, meine Mutter und ich. Es war Krieg, und mein
Vater arbeitete dort draußen in den Militärwerkstätten.
Die Flammen fraßen sich weiter, und immer neue
Munitionslager und -züge explodierten. Die Gegend
wurde abgesperrt. Wir durften nicht weiter. Nun, am
Abend kam mein Vater verrußt, aber heil nach Hause.

Und das brennende und explodierende Arsenal gehört eigentlich gar nicht in dieses Buch. Denn ich war damals schon konfirmiert und kein kleiner Junge mehr. Ja, und noch etwas später stand ich als Soldat, mit umgehängtem Karabiner, vor der Pionierkaserne Wache. Natürlich wieder auf der Königsbrücker Straße! Diese Straße und ich kamen voneinander nicht los!

Wir trennten uns erst, als ich nach Leipzig zog. Dabei hätte ich mich gar nicht gewundert, wenn sie mir nachgereist wäre! So anhänglich war sie. Und ich selber bin, was sonst ich auch wurde, eines immer geblieben: ein Kind der Königsbrücker Straße. Dieser merkwürdig dreigeteilten Straße mit ihren Vorgärten am Anfang, ihren Mietshäusern in der Mitte und ihren Kasernen, dem Arsenal und dem Heller, dem sandigen Exerzierplatz, am Ende der Stadt. Hier, auf dem Heller, durfte ich als Junge spielen und als Soldat strafexerzieren. Habt ihr schon einmal mit vorgehaltenem Karabiner, Modell 98, zweihundertfünfzig Kniebeugen gemacht? Nein? Seid froh! Man kriegt für den Rest seines Lebens nicht wieder richtig Luft. Einige Kameraden fielen schon nach fünfzig Kniebeugen um. Sie waren gescheiter als ich.

An die vierte Etage, Königsbrücker Straße 66, kann ich mich nicht mehr erinnern. Jedesmal wenn ich an dem Haus vorüberging, dachte ich: ›Hier bist du also zur Welt gekommen.‹ Manchmal trat ich in den Hausflur hinein und blickte mich neugierig um. Doch er gab mir keine Antwort. Es war ein wildfremdes Haus. Dabei hatte mich meine Mutter, mitsamt dem Kinderwagen, hundert- und aberhundertmal die vier Treppen herunter- und hinaufgeschleppt! Ich wußte es ja. Aber das half nichts. Es blieb ein fremdes Gebäude. Eine Mietskaserne wie tausend andre auch.

Um so besser erinnere ich mich an das Haus mit der Nummer 48. An den Hausflur. An das Fensterbrett, wo ich saß und in die Hinterhöfe blickte. An die Treppenstufen, auf denen ich spielte. Denn die Treppe war mein Spielplatz. Hier stellte ich meine Ritterburg auf. Die Burg mit den Schießscharten, den Spitztürmen und der beweglichen Zugbrücke. Hier fanden heiße Schlachten statt. Hier fielen französische Kürassiere, nach kühnen Umgehungsmanövern über zwei Treppenstufen, den Holkschen Jägern und Wallensteins Arkebusieren in den Rücken. Sanitätssoldaten, mit dem Roten Kreuz am Ärmel, standen bereit, um auf ihren Tragbahren die Verwundeten zu bergen. Sie wollten allen helfen, den Schweden und den Kaiserlichen aus dem siebzehnten Jahrhundert genau so gut wie der französischen Kavallerie aus dem neunzehnten. Meinen Sanitätern war jede Nation und jedes Jahrhundert recht. Doch zuvor mußte der verbissene Kampf um die Zugbrücke aus dem Mittelalter entschieden sein.

Es waren verlustreiche Gefechte. Eine einzige Handbewegung von mir erledigte ganze Regimenter. Und Napoleons Alte Garde starb, aber sie ergab sich nicht. Noch im inneren Burghof, nachdem die Zugbrücke erstürmt worden war, focht man weiter. Die Nürnberger Zinnsoldaten waren harte Burschen. Und der Briefträger und die kleine Frau Wilke aus der vierten Etage mußten Riesenschritte machen, wie die Störche im Salat, um Sieg und Niederlage nicht zu gefährden. Sie stiegen vorsichtig über Freund und Feind hinweg, und ich merkte es gar nicht. Denn ich war der Frontgeneral und der Generalstabschef für beide Armeen. Von mir hing das Schicksal aller beteiligten Jahrhunderte und Völker ab. Da hätte mich ein Postbote aus Dresden-Neustadt stören sollen? Stören können? Oder die kleine Frau Wilke, nur weil sie ein paar Kohlrabis und ein bißchen Salz und Zucker einkaufen wollte?

Sobald die Schlacht entschieden war, legte ich die toten, verwundeten und gesunden Zinnsoldaten in die Nürnberger Spanschachteln zurück, zwischen die Schichten aus feiner Holzwolle, demontierte die stolze Ritterburg und schleppte die Spielzeugwelt und Spielzeugweltgeschichte in unsere winzige Wohnung zurück.

Königsbrücker Straße 48, das zweite Haus meiner Kindheit. Wenn ich, in diesem Augenblick, in München und als, wie man so sagt, älterer Herr, die Augen schließe, spüre ich die Treppenstufen unter meinen Füßen und die Treppenkante, auf der ich hockte, am Hosenboden, obwohl es mehr als fünfzig Jahre später wahrhaftig ein ganz andrer Hosenboden ist als der von damals. Wenn ich mir die vollgepackte Einkaufstasche aus braunem Leder vorstelle, die ich treppauf trug, zieht es zunächst in meinem linken Arm und dann erst im rechten. Denn bis zur zweiten Etage hielt ich die Tasche mit der linken Hand, um an der Wand nicht anzustoßen. Dann nahm ich die Tasche in die rechte

Hand und hielt mich mit der linken am Geländer fest. Und schließlich seufze ich, genau wie damals, erleichtert auf, als ich die Tasche vor der Wohnungstür niedersetzte und auf den Klingelknopf drückte.

Gedächtnis und Erinnerung sind geheimnisvolle Kräfte. Und die Erinnerung ist die geheimnisvollere und rätselhaftere von beiden. Denn das Gedächtnis hat nur mit unserem Kopf zu schaffen. Wieviel ist 7 mal 15? Und schon ruft Paulchen: »105!« Er hat es gelernt. Der Kopf hat es behalten. Oder er hat es vergessen. Oder Paulchen ruft begeistert: »115!« Ob wir dergleichen falsch oder richtig wissen oder ob wir es vergessen haben und von neuem ausrechnen müssen, – das gute Gedächtnis und das schlechte wohnen im Kopf. Hier sind die Fächer für alles, was wir gelernt haben. Sie ähneln, glaub ich, Schrank- oder Kommodenfächern. Manchmal klemmen sie beim Aufziehen. Manchmal liegt nichts drin und manchmal etwas Verkehrtes. Und manchmal gehen sie überhaupt nicht auf. Dann sind sie und wir ›wie vernagelt‹. Es gibt große und kleine Gedächtniskommoden. Die Kommode in meinem eignen Kopf ist, zum Beispiel, ziemlich klein. Die Fächer sind nur halbvoll, aber einigermaßen aufgeräumt. Als ich ein kleiner Junge war, sah das ganz anders aus. Damals war mein Oberstübchen das reinste Schrankzimmer!

Die Erinnerungen liegen nicht in Fächern, nicht in Möbeln und nicht im Kopf. Sie wohnen mitten in uns. Meistens schlummern sie, aber sie leben und atmen, und zuweilen schlagen sie die Augen auf. Sie wohnen, leben, atmen und schlummern überall. In den Handflächen, in den Fußsohlen, in der Nase, im Herzen und im Hosenboden. Was wir früher einmal erlebt haben, kehrt nach Jahren und Jahrzehnten plötzlich zurück und blickt uns an. Und wir fühlen: Es war ja gar nicht fort. Es hat nur geschlafen. Und wenn die eine Erinnerung aufwacht und sich den Schlaf aus den Augen reibt, kann es geschehen, daß dadurch auch andere Erinnerungen geweckt werden. Dann geht es zu wie morgens im Schlafsaal!

Eine besondere Sache sind die frühesten Erinnerungen. Warum erinnere ich mich an einige Erlebnisse aus meinem dritten Lebensjahr, aber an gar nichts aus dem vierten oder fünften? Wieso erinnere ich mich noch an Geheimrat Haenel und die betulichen Krankenschwestern und an den kleinen Garten der Privatklinik? Ich war am Bein geschnitten worden. Die bandagierte Wunde brannte wie Feuer. Und meine Mutter trug mich, obwohl ich damals schon laufen konnte, auf beiden Armen nach Hause. Ich schluchzte. Sie tröstete mich. Und ich spüre jetzt noch, wie schwer ich war und wie müd ihre Arme wurden. Schmerz und Angst haben ein gutes Gedächtnis.

Warum erinnere ich mich dann aber an Herrn Patitz und an sein ›Atelier für künstlerische Portrait-Photographie‹ in der Bautzener Straße? Ich trug ein Matrosenkleidchen mit weißem Pikeekragen, schwarze Strümpfe, die mich juckten, und Schnürschuhe. (Heute tragen die kleinen Mädchen Hosen. Damals trugen die kleinen Jungen Röckchen!) Ich stand an einem niedrigen Schnörkeltisch, und auf dem Tisch stand ein buntes Segelschiff. Herr Patitz steckte, hinter dem hochbeinigen Fotokasten, den Künstlerkopf unter ein schwarzes Tuch und befahl mir zu lächeln. Weil der Befehl nichts nützte, holte er einen Hampelmann aus der Tasche, wedelte damit in der Luft herum und rief wildvergnügt: »Huhuh! Guckguck! Huhuh! Guckguck!« Ich fand Herrn Patitz schrecklich albern, tat ihm aber trotzdem den Gefallen und quälte mir, der Mama zuliebe, die danebenstand, ein verlegenes Lächeln ins Gesicht. Dann drückte der Bildkünstler auf einen Gummiballon, zählte langsam vor sich hin und in sich hinein, schloß die Kassette und notierte den Auftrag. »Zwölf Abzüge, Visitformat.«

Einen dieser zwölf Abzüge besitze ich heute noch. Auf der Rückseite steht, in verblaßter Tinte: ›Mein Erich, 3 Jahre alt‹. Das hat meine Mutter 1902 hingeschrieben. Und wenn ich mir den kleinen Jungen im Röckchen betrachte, das rundliche und verlegen lächelnde Kindergesicht mit der sauber geschnittnen Ponyfrisur und die unentschloßne in Gürtelhöhe verhaltene linke Patschhand, dann jucken meine Kniekehlen heute noch. Sie erinnern sich an die wollenen Strümpfe von damals. Warum? Wieso haben sie das nicht vergessen? War denn der Besuch bei dem ›künstlerischen Portrait-Photographen‹ Albert Patitz wirklich so wichtig? War er für den Dreijährigen eine solche Sensation? Ich glaube es nicht, und ich weiß es nicht. Und die Erinnerungen selber? Sie leben, und sie sterben, und sie und wir wissen dafür keine Gründe.

Manchmal raten und rätseln wir an dieser Frage herum. Wir versuchen, den Vorhang ein bißchen hochzuheben und die Gründe zu erblicken. Die Gelehrten und die Ungelehrten versuchen's, und meist bleibt es Rätselraten und Nüsseknacken. Und auch meine Mutter und ich versuchten es einmal. Bei einem Jungen aus der Nachbarschaft, der mit mir im gleichen Alter war und Naumanns Richard hieß. Er war einen Kopf größer als ich, ein ganz netter Kerl, und konnte mich nicht leiden. Daß es so war, hätte ich zur Not hingenommen. Aber ich wußte nicht, warum. Und das verwirrte mich.

Unsere Mütter hatten schon nebeneinander auf den grünen Bänken im Garten des Japanischen Palais an der Elbe gesessen, als wir noch im Kinderwagen lagen. Später hockten wir zusammen auf dem Spielplatz im Sandkasten und buken Sandkuchen. Wir gingen gemeinsam in den Turnverein Neu- und Antonstadt, in der Alaunstraße, und in die Vierte Bürgerschule. Und bei jeder Gelegenheit suchte er mir eins auszuwischen.

Er warf mit Steinen nach mir. Er stellte mir ein Bein. Er stieß mich hinterrücks, daß ich hinfiel. Er lauerte mir, der ahnungslos des Wegs kam, in Haustoren auf, schlug mich und lief kreischend davon. Ich rannte ihm nach, und wenn ich ihn einholen konnte, hatte er nichts zu lachen. Ich war nicht ängstlich. Aber ich verstand ihn nicht. Warum überfiel er mich? Warum ließ er mich nicht in Frieden? Ich tat ihm doch nichts. Ich hatte ihn ganz gern. Warum griff er mich an?

Eines Tages sagte meine Mutter, der ich davon erzählt hatte: »Er kratzte dich schon, als ihr noch im Kinderwagen saßt.« »Aber warum denn?« fragte ich ratlos. Sie dachte eine Weile nach. Dann antwortete sie: »Vielleicht weil dich alle so hübsch fanden! Die alten Frauen, die Gärtner und die Kinderfräuleins, die an unsrer Bank vorüberkamen, schauten in eure Kinderwagen hinein und fanden dich viel reizender als ihn. Sie lobten dich über den grünen Klee!« »Und du meinst, das hat er verstanden? Als Baby?« »Nicht die Worte. Aber den Sinn. Und den Ton, womit sie es sagten.« »Und daran erinnert er sich noch? Obwohl er es gar nicht verstand?« »Vielleicht«, meinte die Mutter. »Und nun mach deine Schularbeiten.« »Ich habe sie längst gemacht«, antwortete ich. »Ich gehe spielen.«

Und als ich aus dem Haus trat, stolperte ich über Naumanns Richards Bein. Ich sauste hinter ihm her, holte ihn ein und gab ihm eins hinter die Ohren. Es konnte schon sein, daß er mich seit unsrer Kinderwagenzeit haßte. Daß er sich daran erinnerte. Daß er mich gar nicht angriff, wie ich geglaubt hatte. Sondern daß er sich nur verteidigte. Doch ein Bein stellen ließ ich mir deshalb noch lange nicht.

Lehrer, Lehrer, nichts als Lehrer

Ich lag in der Wiege und wuchs. Ich saß im Kinderwagen und wuchs. Ich lernte laufen und wuchs. Der
Kinderwagen wurde verkauft. Die Wiege erhielt eine
neue Aufgabe: Sie wurde zum Wäschekorb ernannt.
Mein Vater arbeitete noch immer in Lippolds Kofferfabrik. Und meine Mutter nähte noch immer Leibbinden. Von meinem Kinderbett aus, das vorsorglicher-
weise mit einem Holzgitter versehen war, schaute ich
ihr zu.

Sie nähte bis tief in die Nacht hinein. Und von dem
singenden Geräusch der Nähmaschine wachte ich natürlich auf. Mir gefiel das soweit ganz gut. Doch meiner
Mutter gefiel es gar nicht. Denn die Lebensaufgabe
kleiner Kinder besteht, nach der Meinung der Eltern,
darin, möglichst lange zu schlafen. Und weil der Hausarzt, Sanitätsrat Dr. med. Zimmermann aus der Rade-
berger Straße, derselben Ansicht war, hängte sie die
Leibbinden an den Nagel. Sie stülpte den polierten
Deckel über Singers Nähmaschine und beschloß kur-
zerhand, ein Zimmer zu vermieten.

Die Wohnung war schon klein genug, aber das
Portemonnaie war noch kleiner. Ohne Nebenver-
dienst, erklärte sie meinem Vater, gehe es nicht. Der

Papa war, wie fast immer, einverstanden. Die Möbel wurden zusammengerückt. Das leergewordene Zimmer wurde ausstaffiert. Und an die Haustür wurde ein in Winters Papiergeschäft erworbenes Pappschild gehängt. ›Schönes, sonniges Zimmer mit Frühstück ab sofort zu vermieten. Näheres bei Kästner, 3. Etage.‹

Der erste Untermieter hieß Franke und war Volksschullehrer. Daß er Franke hieß, hat sich für meinen ferneren Lebensweg nicht als sonderlich wichtig erwiesen. Daß er Lehrer war, wurde für mich von größter Bedeutung. Das konnten meine Eltern damals freilich noch nicht wissen. Es war ein Zufall. Das schöne, sonnige Zimmer hätte ja auch ein Buchhalter mieten können. Oder eine Verkäuferin. Aber es zog ein Lehrer ein. Und dieser Zufall hatte es, wie sich später zeigen sollte, hinter den Ohren.

Der Lehrer Franke war ein junger lustiger Mann. Das Zimmer gefiel ihm. Das Frühstück schmeckte ihm. Er lachte viel. Der kleine Erich machte ihm Spaß. Abends saß er bei uns in der Küche. Er erzählte aus seiner Schule. Er korrigierte Hefte. Andre junge Lehrer besuchten ihn. Es ging lebhaft zu. Mein Vater stand schmunzelnd am warmen Herd. Meine Mutter sagte: »Emil hält den Ofen.« Alle fühlten sich pudelwohl. Und Herr Franke erklärte: Nie im Leben werde er ausziehen. Und nachdem er das ein paar Jahre lang erklärt hatte, zog er aus.

Er heiratete und brauchte eine eigne Wohnung. Das war zwar ein ziemlich hübscher Kündigungsgrund.

Doch wir waren trotzdem alle miteinander traurig. Er zog in einen Vorort namens Trachenberge und nahm nicht nur seine Koffer mit, sondern auch sein übermütiges Lachen. Manchmal kam er noch, mit Frau Franke und seinem Lachen, zu Besuch. Wir hörten ihn schon lachen, wenn er ins Haus trat. Und wir hörten ihn noch lachen, wenn wir ihm und seiner Frau vom Fenster aus nachwinkten.

Als er gekündigt hatte, wollte meine Mutter das Pappschild ›Schönes, sonniges Zimmer zu vermieten‹ wieder an die Haustür hängen. Aber er meinte, das sei höchst überflüssig. Er werde schon für einen Nachfolger sorgen. Und er sorgte dafür. Der Nachfolger war allerdings eine Nachfolgerin. Eine Französischlehrerin aus Genf. Sie lachte viel, viel weniger als er und bekam eines Tages ein Kind. Das gab einige Aufregung. Und Ärger und Verdruß gab es außerdem. Doch das gehört nicht hierher.

Mademoiselle T., die Französischlehrerin, zog bald danach mit ihrem kleinen Jungen von uns fort. Meine Mutter fuhr nach Trachenberge und erzählte Herrn Franke, daß unser schönes, sonniges Zimmer wieder leerstünde. Da lachte er und versprach ihr, diesmal besser aufzupassen. Und so schickte er uns, als nächsten Mieter, keine Nachfolgerin, sondern einen Nachfolger. Einen Lehrer? Selbstverständlich einen Lehrer! Einen Kollegen aus seiner Schule in der Schanzenstraße. Einen sehr großen, sehr blonden, sehr jungen Mann, der

Paul Schurig hieß und noch bei uns wohnte, als ich das Abitur machte. Er zog mit uns um. Er bewohnte lange Zeit sogar zwei Zimmer unserer Dreizimmerwohnung, so daß für die drei Kästners nicht viel Platz übrigblieb. Doch ich durfte in seinem Wohnzimmer lesen und schreiben und Klavier üben, wenn er nicht zu Hause war.

Im Laufe der Zeit wurde er für mich eine Art Onkel. Ich machte meine erste größere Reise mit ihm. In meinen ersten Schulferien. In sein Heimatdorf Falkenhain bei Wurzen bei Leipzig. Hier hatten seine Eltern ein Kurzwarengeschäft und den herrlichsten Obstgarten, den ich bis dahin gesehen hatte. Ich durfte die Leitern hochklettern und miternten. Die Gute Luise, den Schönen von Boskop, den Grafensteiner, die Goldparmäne, die Alexander, und wie die edlen Birnen und Äpfel sonst hießen.

Es waren Herbstferien, und wir sammelten im Walde Pilze, bis uns der Rücken wehtat. Wir wanderten bis nach Schilda, wo bekanntlich die Schildbürger herstammen. Und in der Dachkammer weinte ich meine ersten Heimwehtränen. Hier schrieb ich die erste Postkarte meines Lebens und tröstete meine Mutter. Sie brauche beileibe keine Angst um mich zu haben. In Falkenhain gäbe es keine Straßenbahnen, sondern ab und zu höchstens einen Mistwagen, und vor dem nähme ich mich schon in acht.

Der Lehrer Paul Schurig wurde also im Lauf der Jahre für mich eine Art Onkel. Und beinahe wäre er auch eine Art Vetter geworden! Denn beinahe hätte er meine Kusine Dora geheiratet. Sie wollte es gern. Er wollte es gern. Aber Doras Vater, der wollte es gar nicht gern. Doras Vater war nämlich der ehemalige Kaninchenhändler Franz Augustin und hielt von Volksschullehrern und anderen ›Hungerleidern‹ nicht das mindeste. Als sich während der Großen Pferdeausstellung in Reick, im Segen der Goldenen und Silbernen Medaillen, unser Untermieter dem ersehnten Schwiegervater mit den Worten: »Mein Name ist Schurig!« vorstellte, schob mein Onkel Franz die braune Melone aus der Stirn, musterte den großen, hübschen und blonden Heiratskandidaten von oben bis unten, sprach die denkwürdigen Worte: »Von mir aus können Sie Hase heißen!«, drehte ihm und uns den Rücken und ging zu seinen prämiierten Pferden.

Damit fiel der Plan ins Wasser. Gegen meinen Onkel Franz war kein Kraut gewachsen. Und da er meine Mutter im Verdacht hatte, an dem Heiratsprojekt nicht ganz unbeteiligt zu sein, bekam sie von ihm künftig mancherlei zu hören. Onkel Franz war ein Despot, ein Tyrann, ein Pferde-Napoleon. Und im Grunde ein prächtiger Kerl. Daß sich niemand traute, ihm energisch zu widersprechen, war nicht seine Schuld. Vielleicht wäre er selig gewesen, wenn ihm jemand endlich einmal richtig die Meinung gegeigt hätte! Vielleicht wartete er sein Leben lang darauf! Aber keiner tat ihm den Gefallen. Er brüllte, und die anderen zitterten. Sie zitterten noch, wenn er Späße machte. Sie zitterten sogar, wenn er unterm Christbaum »O du fröhliche« schmetterte!

Er genoß es, und er bedauerte es. Ich wiederhole, falls ihr es überlesen haben solltet: Daß ihm niemand widersprach, war nicht seine Schuld. Und damit verlasse ich meinen Onkel Franz und wende mich erneut dem eigentlichen Gegenstande des sechsten Kapitels zu: den Lehrern. Dem Onkel Franz werden wir noch einmal begegnen. Und etwas ausführlicher. Er eignet sich nicht zur Nebenfigur. Das hat er mit anderen großen Männern gemeinsam. Zum Beispiel mit Bismarck, dem Gründer des Deutschen Reiches.

Als Bismarck eine internationale Konferenz einberufen hatte und sich mit den übrigen Staatsmännern an den Verhandlungstisch setzen wollte, erschraken alle Teilnehmer. Denn der Tisch, so groß er war, war rund! Und an einem runden Tisch ist beim besten Willen keine Sitz- und Rangordnung möglich! Doch Bismarck lächelte, nahm Platz und sagte: »Wo ich sitze, ist immer oben.« Das hätte auch mein Onkel Franz sagen können. Es hätte ihn auch nicht gestört, wenn am Tisch nur ein einziger Stuhl gestanden hätte. Er hätte schon Platz gefunden, mein Onkel.

Ich wuchs also mit Lehrern auf. Ich lernte sie nicht erst in der Schule kennen. Ich hatte sie zu Hause. Ich sah die blauen Schulhefte und die rote Korrekturtinte, lange bevor ich selber schreiben und Fehler machen konnte. Blaue Berge von Diktatheften, Rechenheften und Aufsatzheften. Vor Michaelis und Ostern braune Berge von Zensurheften. Und immer und überall Lesebücher, Lehrbücher, Lehrerzeitschriften, Zeitschriften für Pädagogik, Psychologie, Heimatkunde und sächsische Geschichte. Wenn Herr Schurig nicht daheim war, schlich ich mich in sein Zimmer, setzte mich aufs grüne Sofa und starrte, ängstlich und hingerissen zugleich, auf die Landschaft aus bedrucktem und beschriebenem Papier. Da lag ein fremder Erdteil vor mir zum Greifen nahe, doch ich hatte ihn noch nicht entdeckt. Und wenn mich die Leute, wie sie es ja bei Kindern gerne tun, fragten: »Was willst du denn später einmal werden?«, antwortete ich aus Herzensgrundes: »Lehrer!«

Ich konnte noch nicht lesen und schreiben, und schon wollte ich Lehrer werden. Nichts anderes. Und trotzdem war es ein Mißverständnis. Ja, es war der größte Irrtum meines Lebens. Und er klärte sich erst auf, als es fast zu spät war. Als ich, mit siebzehn Jahren, vor einer Schulklasse stand und, da die älteren Seminaristen im Felde standen, Unterricht erteilen mußte. Die Professoren, die als pädagogische Beobachter dabeisaßen, merkten nichts von meinem Irrtum und nichts davon, daß ich selber, in dieser Stunde, ihn endlich begriff und daß mir fast das Herz stehenblieb. Doch die Kinder in den Bänken, die spürten es wie ich. Sie blickten mich verwundert an. Sie antworteten brav. Sie hoben die Hand. Sie standen auf. Sie setzten sich. Es ging wie am Schnürchen. Die Professoren nickten wohlwollend. Und trotzdem war alles grundverkehrt. Und die Kinder wußten es. ›Der Jüngling auf dem Katheder‹, dachten sie, ›das ist kein Lehrer, und er wird nie ein richtiger Lehrer werden.‹ Und sie hatten recht.

Ich war kein Lehrer, sondern ein Lerner. Ich wollte

nicht lehren, sondern lernen. Ich hatte Lehrer werden
wollen, um möglichst lange ein Schüler bleiben zu
können. Ich wollte Neues, immer wieder Neues auf-
nehmen und um keinen Preis Altes, immer wieder
Altes weitergeben. Ich war hungrig, ich war kein Bäkker. Ich war wissensdurstig, ich war kein Schankwirt.
Ich war ungeduldig und unruhig, ich war kein künfti-
ger Erzieher. Denn Lehrer und Erzieher müssen ruhig
und geduldig sein. Sie dürfen nicht an sich denken,
sondern an die Kinder. Und sie dürfen Geduld nicht
mit Bequemlichkeit verwechseln. Lehrer aus Bequemlichkeit gibt es genug. Echte, berufene, geborene Lehrer sind fast so selten wie Helden und Heilige.

Vor einigen Jahren unterhielt ich mich mit einem Basler
Universitätsprofessor, einem berühmten Fachgelehrten.
Er befand sich seit kurzem im Ruhestand, und ich
fragte ihn, was er jetzt tue. Da blitzten seine Augen vor
lauter Wonne, und er rief: »Ich studiere! Endlich habe
ich dafür Zeit!« Er saß, siebzigjährig, Tag für Tag in den
Hörsälen und lernte Neues. Er hätte der Vater der Do-
zenten sein können, denen er lauschte, und der Großvater der Studenten, zwischen denen er saß. Er war
Mitglied vieler Akademien. Sein Name wurde in der
ganzen Welt mit Respekt genannt. Er hatte sein Leben
lang gelehrt, was er wußte. Nun endlich konnte er, was
er nicht wußte, lernen. Er war im siebenten Himmel.
Mochten andere über ihn lächeln und ihn für etwas
wunderlich halten, – ich verstand ihn, als wär's mein
großer Bruder.

Ich verstand den alten Herrn, wie dreißig Jahre früher meine Mutter mich verstand, als ich, noch in Feldgrau, vor sie hintrat und, bedrückt und schuldbewußt, sagte: »Ich kann nicht Lehrer werden!« Sie war eine einfache Frau, und sie war eine herrliche Mutter. Sie war bald fünfzig Jahre alt und hatte geschuftet und gespart, damit ich Lehrer werden könnte. Nun war es soweit. Nun fehlte nur noch ein Examen, das ich in ein paar Wochen spielend und mit Glanz bestanden haben würde. Dann konnte sie endlich aufatmen. Dann konnte sie die Hände in den Schoß legen. Dann konnte ich für mich selber sorgen. Und da sagte ich: »Ich kann nicht Lehrer werden!«

Es war in unserem großen Zimmer. Also in einer der zwei Stuben, die der Lehrer Schurig bewohnte. Paul Schurig saß schweigend auf dem grünen Sofa. Mein Vater lehnte schweigend am Kachelofen. Meine Mutter stand unter der Lampe mit dem grünen Seidenschirm und den Perlfransen und fragte: »Was möchtest du denn tun?« »Auf einem Gymnasium das Abitur machen und dann studieren«, sagte ich. Meine Mutter dachte einen Augenblick nach. Dann lächelte sie, nickte und sagte: »Gut, mein Junge! Studiere!«

Doch da hab ich schon wieder ins Rad der Zeit gegriffen. In die Speichen der Zukunft. Wieder bin ich dem Kalender voraus. Wieder hätte ich schreiben müssen: ›Das gehört noch gar nicht hierher!‹ Aber es wäre falsch. Manches, was man als Kind erlebt hat, erhält seinen Sinn erst nach vielen Jahren. Und vieles, was uns später geschieht, bliebe ohne die Erinnerung an unsre Kindheit so gut wie unverständlich. Unsere Jahre und Jahrzehnte greifen ineinander wie die Finger beim Händefalten. Alles hängt mit allem zusammen.

Der Versuch, die Geschichte einer Kindheit zu erzählen, wird zur Springprozession. Man springt voraus und zurück und voraus und zurück. Und die Leser, die Ärmsten, müssen mitspringen. Ich kann's nicht ändern. Auch kleine Seitensprünge sind unvermeidlich. So. Und nun springen wir wieder zwei Schritte zurück. In jene Zeit, da ich noch nicht in die Schule ging und trotzdem schon Lehrer werden wollte.

Wenn damals ein Junge aufgeweckt war und nicht der Sohn eines Arztes, Anwalts, Pfarrers, Offiziers, Kaufmanns oder Fabrikdirektors, sondern eines Handwerkers, Arbeiters oder Angestellten, dann schickten ihn die Eltern nicht aufs Gymnasium oder in die Oberrealschule und anschließend auf die Universität, denn das war zu teuer. Sondern sie schickten ihn ins Lehrerseminar. Das war wesentlich billiger. Der Junge ging bis zur Konfirmation in die Volksschule, und dann erst machte er seine Aufnahmeprüfung. Fiel er durch, wurde er Angestellter oder Buchhalter wie sein Vater. Bestand er die Prüfung, so war er sechs Jahre später Hilfslehrer, bekam Gehalt, konnte damit beginnen, die Eltern zu unterstützen, und hatte eine ›Lebensstellung mit Pensionsberechtigung‹.

Auch Tante Martha, die nächstjüngere Schwester meiner Mutter, meine Lieblingstante, war dafür. Sie hatte den Zigarrenvorarbeiter Richter geheiratet, ihn und die zwei Töchter aus erster Ehe, bekam ein eignes Kind, besaß einen Schrebergarten und sechs Hühner und war eine von Herzen heitere Frau. Sie hatte immer Sorgen und war immer lustig. Zwei der drei Töchter starben, im ersten Jahr nach dem Ersten Weltkrieg, am Hungertyphus. Obwohl wir doch so viele Fleischer in der Verwandtschaft hatten! Ihr starben eine der zwei Stieftöchter und die eigne Tochter, die blonde Helene. Doch da bin ich schon wieder zwei Schritte voraus!

Auch Tante Martha sagte also: »Laßt·den Erich Lehrer werden. Die Lehrer haben es gut. Ihr seht es ja selbst. Schaut euch doch eure Mieter an. Den Franke und den Schurig. Und seine Freunde, die Tischendorfs!« Die Tischendorfs waren Paul Schurigs Freunde, und sie waren Lehrer wie er. Sie kamen oft zu Besuch. Sie saßen bei uns in der Küche. Oder sie beugten sich, im Vorderzimmer, über Landkarten und besprachen zu dritt ihre Pläne für die Sommerferien. Sie wurden, vier Wochen im Jahr, zu gewaltigen Bergsteigern. In Nagelschuhen, mit Eispickeln, Steigeisen, zusammengerollten Kletterseilen, Verbandszeug und überlebensgroßen Rucksäcken fuhren sie alljährlich in die Alpen, bestiegen den Mont Cenis, den Monte Rosa, die Marmolatagruppe oder den Wilden Kaiser. Sie schickten prächtigbunte Ansichtskarten in die Königsbrücker Straße. Und wenn sie, am Ferienende, heimkehrten, sahen sie aus wie blonde Neger. Tiefbraungebrannt, gewaltig, übermütig, hungrig wie die Wölfe. Die Dielen bogen sich unter ihren Nagelschuhen. Der Tisch bog sich unter den Tellern mit Wurst und Obst und Käse. Und die Balken bogen sich, wenn sie von ihren Gratwanderungen, Kamintouren und Gletscherspalten erzählten.

»Außerdem«, sagte Tante Martha, »haben sie Weihnachtsferien, Osterferien und Kartoffelferien. In der Zwischenzeit geben sie ein paar Stunden Unterricht, immer dasselbe, immer fürs gleiche Alter, korrigieren dreißig Hefte mit roter Tinte, gehen mit der Klasse in den Zoologischen Garten, erzählen den Kindern, daß die Giraffen lange Hälse haben, holen am Monatsersten ihr Gehalt ab und bereiten sich in aller Ruhe auf den Ruhestand vor.« Nun, so bequem und so gemütlich ist der Lehrerberuf ganz bestimmt nicht. So fidel war er auch damals nicht. Aber meine Tante Martha war nicht die einzige, die so dachte. So dachten viele. Und auch manche Lehrer dachten so. Nicht jeder war ein Pestalozzi.

Ich wollte also Lehrer werden. Nicht nur aus Bildungshunger. Auch sonst hatte ich einen gesunden Appetit. Und wenn ich meiner Mutter dabei half, für Herrn Schurig abends den Tisch zu decken, wenn ich den Teller mit drei Spiegeleiern auf Wurst und Schinken ins Vorderzimmer balancierte, dachte ich: ›So ein Lehrer hat es gar nicht schlecht.‹

Und der blonde Riese Schurig merkte überhaupt nicht, wie gern ich mein Abendbrot gegen seines eingetauscht hätte.

Das siebente Kapitel

Riesenwellen und Zuckertüten

Mit mir und unserem Buche geht es voran. Zur Welt gekommen bin ich schon. Das ist die Hauptsache. Ich bin bereits fotografiert worden, mit meinen Eltern in eine andre Wohnung gezogen und seitdem von Lehrern umgeben. Zur Schule gehe ich noch nicht. Ich habe die Lehrer im Haus. Aber es sind keine Hauslehrer. Sie bringen mir nicht das Einmaleins bei, nicht einmal das Kleinmaleins. Sondern ich bringe ihnen, auf vorgewärmten Tellern, brutzelnde Spiegeleier in unsere Gute Stube, die gar nicht unsere, sondern ihre Gute Stube ist. ›Wenn ich groß bin‹, denk ich, ›werd ich Lehrer. Dann les ich alle Bücher und eß alle Spiegeleier, die es gibt!‹

Ein Jahr, bevor ich zur Schule kam, wurde ich, mit knapp sechs Jahren, das jüngste Mitglied des Turnvereins ›zu Neu- und Antonstadt‹. Ich hatte meiner Mutter keine Ruhe gelassen. Sie war strikt dagegen gewesen. Ich sei noch zu klein. Ich hatte sie gequält, bestürmt, belästigt und umgaukelt. »Du mußt warten, bis du sieben Jahre alt bist«, hatte sie immer wieder geantwortet.

Und eines Tages standen wir, in der kleineren der

zwei Turnhallen, vor Herrn Zacharias. Die Knabenriege machte gerade Freiübungen. Er fragte: »Wie alt ist
denn der Junge?« »Sechs«, gab sie zur Antwort. Er sagte:
»Du mußt warten, bis du sieben Jahre alt bist.« Da nahm
ich die Hände, ordnungsgemäß zu Fäusten geballt, vor
die Brust, sprang in die Grätsche und turnte ihm ein
gymnastisches Solo vor! Er lachte. Die Knabenriege
lachte. Die Halle hallte vor fröhlichem Gelächter. Und
Herr Zacharias sagte zu meiner verdatterten Mama:
»Also gut, kaufen Sie ihm ein Paar Turnschuhe! Am
Mittwoch um drei ist die erste Stunde!« Ich war selig.
Wir gingen ins nächste Schuhgeschäft. Abends wollte
ich mit den Turnschuhen ins Bett. Am Mittwoch war
ich eine Stunde zu früh in der Halle. Und was, glaubt
ihr, war der Herr Zacharias von Beruf? Lehrer war er,
natürlich. Seminarlehrer. Als Seminarist wurde ich sein
Schüler. Und er lachte noch manches Mal, wenn er
von unserer ersten Begegnung sprach.

Ich war ein begeisterter Turner, und ich wurde ein
ziemlich guter Turner. Mit eisernen Hanteln, mit hölzernen Keulen, an Kletterstangen, an den Ringen, am
Barren, am Reck, am Pferd, am Kasten und schließlich
am Hochreck. Das Hochreck wurde mein Lieblings-
gerät. Später, viel später. Ich genoß die Schwünge,
Kippen, Stemmen, Hocken, Grätschen, Kniewellen,
Flanken und, aus dem schwungvollen Kniehang, das
Fliegen durch die Luft mit der in Kniebeuge und Stand
abschließenden Landung auf der Kokosmatte. Es ist
herrlich, wenn der Körper, im rhythmischen Schwung,
leichter und leichter wird, bis er fast nichts mehr zu

wiegen scheint und, nur von den Händen schmiegsam festgehalten, in eleganten und phantasievollen Kurven eine biegsam feste Eisenstange umtanzt!

Ich wurde ein ziemlich guter Turner. Ich glänzte beim Schauturnen. Ich wurde Vorturner. Aber ein sehr guter Turner wurde ich nicht. Denn ich hatte Angst vor der Riesenwelle! Ich wußte auch, warum. Ich war einmal dabeigewesen, als ein anderer während einer Riesenwelle, in vollem Schwung, den Halt verlor und kopfüber vom Hochreck stürzte. Die Kameraden, die zur Hilfestellung bereitstanden, konnten ihn nicht auffangen. Er wurde ins Krankenhaus gebracht. Und die Riesenwelle und ich gingen einander zeitlebens aus dem Wege. Das war eigentlich eine rechte Blamage, und wer blamiert sich schon gern? Doch es half nichts. Ich bekam die Angst vor der Riesenwelle nicht aus den Kleidern. Und so war mir die Blamage immer noch ein bißchen lieber als ein Schädelbruch. Hatte ich recht? Ich hatte recht.

Ich wollte turnen und turnte, weil es mich freute. Ich wollte kein Held sein oder werden. Und ich bin auch keiner geworden. Kein falscher Held und kein echter Held. Wißt ihr den Unterschied? Falsche Helden haben keine Angst, weil sie keine Phantasie haben. Sie sind dumm und haben keine Nerven. Echte Helden haben Angst und überwinden sie. Ich habe manches liebe Mal im Leben Angst gehabt und sie, weiß Gott, nicht jedesmal überwunden. Sonst wäre ich heute vielleicht ein echter und sicherlich ein toter Held. Nun will ich mich allerdings auch nicht schlechter machen, als ich bin.

Zuweilen hielt ich mich ganz wacker, und das war mitunter gar nicht so einfach. Doch die Heldenlaufbahn als Hauptberuf, das wäre nichts für mich gewesen.

Ich turnte, weil meine Muskeln, meine Füße und Hände, meine Arme und Beine und der Brustkorb spielen und sich bilden wollten. Der Körper wollte sich bilden wie der Verstand. Beide verlangten, gleichzeitig und gemeinsam, ungeduldig danach, geschmeidig zu wachsen und, wie gesunde Zwillinge, gleich groß und kräftig zu werden. Mir taten alle Kinder leid, die gern lernten und ungern turnten. Ich bedauerte alle Kinder, die gern turnten und nicht gern lernten. Es gab sogar welche, die weder lernen noch turnen wollten! Sie bedauerte ich am meisten. Ich wollte beides brennend gern. Und ich freute mich schon auf den Tag, an dem ich zur Schule kommen sollte. Der Tag kam, und ich weinte.

Die 4. Bürgerschule in der Tieckstraße, unweit der Elbe, war ein vornehm düsteres Gebäude mit einem Portal für die Mädchen und einem für die Knaben. In jener Zeit sahen alle Schulen düster aus, dunkelrot oder schwärzlich grau, steif und unheimlich. Wahrscheinlich waren sie von denselben Baumeistern gebaut worden, die auch die Kasernen gebaut hatten. Die Schulen sahen aus wie Kinderkasernen. Warum den Baumeistern keine fröhlicheren Schulen eingefallen waren, weiß ich nicht. Vielleicht sollten uns die Fassaden, Treppen und Korridore denselben Respekt einflößen wie der Rohrstock auf dem Katheder. Man wollte wohl schon die Kinder durch Furcht zu folgsamen Staatsbürgern erziehen. Durch Furcht und Angst, und das war freilich ganz verkehrt.

Mich erschreckte die Schule nicht. Ich kannte keine heiteren Schulhäuser. Sie mußten wohl so sein. Und der gemütlich dicke Lehrer Bremser, der die Mütter, Väter und ABC-Schützen willkommen hieß, erschreckte mich schon gar nicht. Ich wußte von daheim, daß auch die Lehrer lachen konnten, Spiegeleier aßen, an die Großen Ferien dachten und ihr Nachmittagsschläfchen hielten. Da war kein Grund zum Zittern.

Herr Bremser setzte uns, der Größe nach, in die Bankreihen und notierte sich die Namen. Die Eltern standen, dichtgedrängt, an den Wänden und in den Gängen, nickten ihren Söhnen ermutigend zu und bewachten die Zuckertüten. Das war ihre Hauptaufgabe. Sie hielten kleine, mittelgroße und riesige Zuckertüten in den Händen, verglichen die Tütengrößen und waren, je nachdem, neidisch oder stolz. Meine Zuckertüte hättet ihr sehen müssen! Sie war bunt wie hundert Ansichtskarten, schwer wie ein Kohleneimer und reichte mir bis zur Nasenspitze! Ich saß vergnügt auf meinem Platz, zwinkerte meiner Mutter zu und kam mir vor wie ein Zuckertütenfürst. Ein paar Jungen weinten herzzerbrechend und rannten zu ihren aufgeregten Mamas.

Doch das ging bald vorüber. Herr Bremser verabschiedete uns; und die Eltern, die Kinder und die Zuckertüten stiefelten gesprächig nach Hause. Ich trug meine Tüte wie eine Fahnenstange vor mir her. Manchmal setzte ich sie ächzend aufs Pflaster. Manchmal griff meine Mutter zu. Wir schwitzten wie die Möbelträger. Auch eine süße Last bleibt eine Last.

So wanderten wir mit vereinten Kräften durch die Glacisstraße, die Bautzener Straße, über den Albertplatz und in die Königsbrücker Straße hinein. Von der Luisenstraße an ließ ich die Tüte nicht mehr aus den Händen. Es war ein Triumphzug. Die Passanten und Nachbarn staunten. Die Kinder blieben stehen und liefen hinter uns her. Sie umschwärmten uns wie die Bienen, die Honig wittern. »Und nun zu Fräulein Haubold!« sagte ich hinter meiner Tüte.

Fräulein Haubold führte die in unserm Hause befindliche Filiale der stadtbekannten Färberei Märksch, und ich verbrachte manche Stunde in dem stillen, sauberen Laden. Es roch nach frischer Wäsche, nach chemisch gereinigten Glacéhandschuhen und nach gestärkten Blusen. Fräulein Haubold war ein älteres Fräulein, und wir mochten einander sehr gern. Sie sollte mich bewundern. Ihr wie keinem sonst gebührte der herrliche Anblick. Das war selbstverständlich.

Meine Mutter öffnete die Tür. Ich stieg, die Zukkertüte mit der seidnen Schleife vorm Gesicht, die Ladenstufe hinauf, stolperte, da ich vor lauter Schleife und Tüte nichts sehen konnte, und dabei brach die Tütenspitze ab! Ich erstarrte zur Salzsäule. Zu einer Salzsäule, die eine Zuckertüte umklammert. Es rieselte und purzelte und raschelte über meine Schnürstiefel. Ich hob die Tüte so hoch, wie ich irgend konnte. Das war nicht schwer, denn sie wurde immer leichter. Schließlich hielt ich nur noch einen bunten Kegelstumpf aus

Pappe in den Händen, ließ ihn sinken und blickte zu Boden. Ich stand bis an die Knöchel in Bonbons, Pralinen, Datteln, Osterhasen, Feigen, Apfelsinen, Törtchen, Waffeln und goldenen Maikäfern. Die Kinder kreischten. Meine Mutter hielt die Hände vors Gesicht. Fräulein Haubold hielt sich an der Ladentafel fest. Welch ein Überfluß! Und ich stand mittendrin.

Auch über Schokolade kann man weinen. Auch wenn sie einem selber gehört. – Wir stopften das süße Strandgut und Fallobst in den schönen, neuen, braunen Schulranzen und wankten durch den Laden und die Hintertür ins Treppenhaus und, treppauf, in die Wohnung. Tränen verdunkelten den Kinderhimmel. Die Fracht der Zuckertüte klebte im Schulranzen. Aus zwei Geschenken war eines geworden. Die Zuckertüte hatte meine Mutter gekauft und gefüllt. Den Ranzen hatte mein Vater gemacht. Als er abends heimkam, wusch er ihn sauber. Dann nahm er sein blitzscharfes Sattlermesser zur Hand und schnitt für mich ein Täschchen zu. Aus dem gleichen unverwüstlichen Leder, woraus der Ranzen gemacht worden war. Ein Täschchen mit einem langen verstellbaren Riemen. Zum Umhängen. Fürs Frühstück. Für die Schule.

Der Schulweg war eine schwierigere Angelegenheit als die Schule selber. Denn im Klassenzimmer gab es nur einen einzigen Erwachsenen, den Lehrer Bremser. Er durfte dort sein, weil er dort sein mußte. Ohne ihn hätte man die Buchstaben und die Ziffern, das ABC und das Kleinmaleins ja gar nicht lernen können. Aber daß einen die Mutter bei der Hand nahm und bis zum Schulportal transportierte, das war ausgesprochen lästig. Man war doch, mit seinen sieben Jahren, kein kleines Kind mehr! Oder wagte dies etwa irgend jemand zu behaupten? Frau Kästner wagte es. Sie war eine tapfere Frau. Doch sie wagte es nur acht Tage lang. Denn sie war eine gescheite Mutter. Sie gab nach. Und ich spazierte, mit Ranzen und Frühstückstasche bewaffnet, stolz und allein, jeder Zoll ein Mann, morgens in die Tieckstraße und mittags wieder nach Hause. Ich hatte gesiegt, hurra!

Viele Jahre später hat mir meine Mutter erzählt, was damals in Wirklichkeit geschah. Sie wartete, bis ich aus dem Hause war. Dann setzte sie sich rasch den Hut auf und lief heimlich hinter mir her. Sie hatte schreckliche Angst, mir könne unterwegs etwas zustoßen, und sie wollte meinen Drang zur Selbständigkeit nicht behindern. So verfiel sie darauf, mich auf dem Schulwege zu begleiten, ohne daß ich es wußte. Wenn sie befürchtete, ich könne mich umdrehen, sprang sie rasch in eine Haustür oder hinter eine Plakatsäule. Sie versteckte sich hinter großen, dicken Leuten, die den gleichen Weg hatten, lugte an ihnen vorbei und ließ mich nicht aus den Augen. Der Albertplatz mit seinen Straßenbahnen und Lastfuhrwerken war ihre größte Sorge. Doch völlig beruhigt war sie erst, wenn sie, von der Ecke Kurfürstenstraße aus, mich in der Schule verschwinden sah. Dann atmete sie auf, schob sich den Hut zurecht und ging, diesmal hübsch gesittet und ohne Indianermethoden, nach Hause. Nach einigen Tagen gab sie ihr Morgenmanöver auf. Die Angst, ich könne unvorsichtig sein, war verflogen.

Dafür verblieb ihr ein anderer kleiner Kummer: mich früh und beizeiten aus dem Bett zu bringen. Das war keine leichte Aufgabe, besonders im Winter, wenn es draußen noch dunkel war. Sie hatte sich einen melodischen Weckruf ausgedacht. Sie sang: »Eeerich – au-aufstehn – in die Schuuule gehn!« Und sie sang es so lange, bis ich, knurrend und augenreibend, nachgab. Wenn ich die Augen schließe, hör ich den zunächst vergnügten, dann immer bedrohlicher werdenden Singsang heute noch. Übrigens, geholfen hat das Liedchen nichts. Noch heute finde ich nicht aus den Federn.

Ich überlege mir eben, was ich wohl dächte, wenn ich morgen früh in der Stadt spazierenginge, und plötzlich spränge vor mir eine hübsche junge Frau hinter eine Plakatsäule! Wenn ich ihr neugierig folgte und sähe, wie sie, bald langsam, bald schnell, hinter dicken Leuten hergeht, in Haustore hüpft und hinter Straßenecken hervorlugt! Und was dächte ich, wenn ich merkte, sie verfolgt einen kleinen Jungen, der, brav nach links und rechts blickend, Straßen und Plätze überquert? Dächt ich: ›Die Ärmste ist übergeschnappt?‹ Oder: ›Beobachte ich eine Tragödie?‹ Oder: ›Wird hier ein Film gedreht?‹

Nun, ich wüßte ja Bescheid. Aber kommt dergleichen heute noch vor? Ich habe keine Ahnung. Denn ich bin ja kein Frühaufsteher.

In der Schule selber gab es keine Schwierigkeiten. Außer einer einzigen. Ich war sträflich unaufmerksam. Es ging mir zu langsam voran. Ich langweilte mich.

Deshalb knüpfte ich mit den Nachbarn neben, vor und hinter mir launige Unterhaltungen an. Junge Männer im Alter von sieben Jahren haben einander begreiflicherweise viel zu erzählen. Herr Bremser, so gemütlich er im Grunde war, empfand meine Plauderlust als durchaus störend. Sein Versuch, aus etwa dreißig kleinen Dresdnern brauchbare Alphabeten zu machen, litt empfindlich darunter, daß ein Drittel der Klasse außerdienstliche Gespräche führte, und ich war der Anstifter. Eines Tages riß ihm der Geduldsfaden, und er erklärte ärgerlich, er werde, wenn ich mich nicht bessere, meinen Eltern einen Brief schreiben.

Als ich mittags heimkam, berichtete ich die interessante Neuigkeit. »Wenn das nicht endlich anders wird«, sagte ich, noch im Korridor und während ich den Ranzen vom Rücken nahm, »wird er einen Brief schreiben. Seine Geduld ist am Ende.« Die Mama fand meinen Lagebericht und die Gelassenheit, womit ich ihn vortrug, erschreckend. Sie redete mir gewaltig ins Gewissen. Ich versprach ihr, mich zu bessern. Daß ich nun, mit einem Schlag und immerzu, aufmerksam sein werde, dafür könne ich nicht garantieren, aber die anderen Schüler wolle ich künftig nicht mehr stören. Das war ein faires Angebot.

Und am kommenden Tag ging meine Mutter heimlich zu Herrn Bremser. Als sie ihm alles erzählt hatte, lachte er. »Nein, so etwas!« rief er. »Ein komischer Junge! Jeder andre würde hübsch abwarten, bis der Brief bei den Eltern einträfe!« »Mein Erich verschweigt mir nichts«, gab Frau Kästner stolz zur Antwort. Herr

Bremser wiegte den Kopf hin und her und sagte nur: »Soso.« Und dann fragte er: »Weiß er schon, was er später einmal werden will?« »O ja«, meinte sie, »Lehrer!« Da nickte er und sagte: »Gescheit genug ist er.«

Nun, von dieser Unterhaltung im Lehrerzimmer erfuhr ich damals nichts. Ich hielt mein Wort. Ich störte den Unterricht nicht mehr. Ich versuchte sogar, möglichst aufmerksam zu sein, obwohl ich diesbezüglich keine bindenden Zusagen abgegeben hatte. Dabei fällt mir ein, daß ich auch heute noch so handle. Ich verspreche lieber zu wenig als zuviel. Und ich halte lieber mehr, als ich versprochen habe. Meine Mutter pflegte zu sagen: »Jeder Mensch ist anders albern.«

Wenn ein Kind lesen gelernt hat und gerne liest, entdeckt und erobert es eine zweite Welt, das Reich der Buchstaben. Das Land des Lesens ist ein geheimnisvoller, unendlicher Erdteil. Aus Druckerschwärze entstehen Dinge, Menschen, Geister und Götter, die man sonst nicht sehen könnte. Wer noch nicht lesen kann, sieht nur, was greifbar vor seiner Nase liegt oder steht: den Vater, die Türklingel, den Laternenanzünder, das Fahrrad, den Blumenstrauß und, vom Fenster aus, vielleicht den Kirchturm. Wer lesen kann, sitzt über einem Buch und erblickt mit einem Male den Kilimandscharo oder Karl den Großen oder Huckleberry Finn im Gebüsch oder Zeus als Stier, und auf seinem Rücken reitet die schöne Europa. Wer lesen kann, hat ein zweites Paar Augen, und er muß nur aufpassen, daß er sich dabei das erste Paar nicht verdirbt.

Ich las und las und las. Kein Buchstabe war vor mir sicher. Ich las Bücher und Hefte, Plakate, Firmenschilder, Namensschilder, Prospekte, Gebrauchsanweisungen und Grabinschriften, Tierschutzkalender, Speisekarten, Mamas Kochbuch, Ansichtskartengrüße, Paul Schurigs Lehrerzeitschriften, die ›Bunten Bilder aus dem Sachsenlande‹ und die klitschnassen Zeitungsfetzen, worin ich drei Stauden Kopfsalat nach Hause trug.

Ich las, als wär es Atemholen. Als wär ich sonst erstickt. Es war eine fast gefährliche Leidenschaft. Ich las, was ich verstand und was ich nicht verstand. »Das ist nichts für dich«, sagte meine Mutter, »das verstehst du nicht!« Ich las es trotzdem. Und ich dachte: ›Verstehen denn die Erwachsenen alles, was sie lesen?‹ Heute bin ich selber erwachsen und kann die Frage sachverständig beantworten: Auch die Erwachsenen verstehen nicht alles. Und wenn sie nur läsen, was sie verstünden, hätten die Buchdrucker und die Setzer in den Zeitungsgebäuden Kurzarbeit.

Der ungefähre Tagesablauf eines
ungefähr Achtjährigen

Auch vor fünfzig Jahren hatte der Tag nur vierundzwanzig Stunden, und zehn davon mußte ich
schlafen. Die restliche Zeit war ausgefüllt wie der Ter-
minkalender eines Generaldirektors. Ich lief in die
Tieckstraße und lernte. Ich ging in die Alaunstraße und
turnte. Ich saß in der Küche und machte meine Schularbeiten, wobei ich achtgab, daß die Kartoffeln nicht
überkochten. Ich aß mittags mit meiner Mutter, abends
mit beiden Eltern und mußte lernen, die Gabel in die
linke und das Messer in die rechte Hand zu nehmen.
Das hatte seine Schwierigkeiten, denn ich war und bin
ein Linkshänder. Ich holte ein und mußte lange warten,
bis ich an die Reihe kam, weil ich ein kleiner Junge war
und mich nicht vordrängte. Ich begleitete die Mama in
die Stadt und mußte neben ihr an vielen Schaufenstern
stehenbleiben, deren Auslagen mich ganz und gar nicht
interessierten. Ich spielte mit Försters Fritz und Groß-
hennigs Erna in diesem oder jenem Hinterhof. Ich
spielte mit ihnen und Kießlings Gustav am Rande des
Hellers, zwischen Kiefern, Sand und Heidekraut, Räuber und Gendarm oder Trapper und Indianer. Ich un-
terstützte, am Bischofsplatz, die Königsbrücker Bande

gegen die gefürchtete Hechtbande, eine Horde kampf-lustiger Flegel aus der Hechtstraße. Und ich las. Und las. Und las.

Erwachsene brächten so viel nicht zustande. Während ich an einem Buch schreibe, find ich keine Zeit, Bücher zu lesen. Versuch ich es trotzdem, kommt der Schlaf zu kurz. Schlaf ich mich aber aus, so verspäte ich mich bei der Verabredung im Hotel ›Vier Jahreszeiten‹. Dadurch gerät der übrige Tagesplan ins Rutschen. Die Sekretärin muß eine halbe Stunde warten, bis ich endlich in meinem Stammcafé anlange, um dringende Briefe zu diktieren. Und wenn ich das, oder wenigstens die Hälfte, erledigt habe, verspät ich mich im Kino. Oder ich gehe gar nicht erst hin. Die Zeit und ich kommen miteinander nicht mehr zurecht. Sie ist zu knapp und zu kurz geworden, wie eine Bettdecke, die beim Waschen eingelaufen ist.

Kinder bringen viel mehr zuwege. Und ganz nebenbei wachsen sie auch noch! Manche schießen wie die Spargel in die Höhe. Das tat ich allerdings nicht. Meine Leistungen im Lernen, Lesen, Turnen, Einkaufen und Kartoffelschälen übertrafen meine Fähigkeiten im Wachsen bei weitem. Als ich, zum vorläufig letzten Mal, an der Meßlatte stand, sagte der Sanitätsfeldwebel zu dem Sanitätsgefreiten, der das Maß in meinem Wehrpaß eintrug: »1,68 m!« Das ist kaum der Rede wert. Aber auch Cäsar, Napoleon und Goethe waren klein. Und Adolf Menzel, der große Maler und Zeichner, war noch viel kleiner! Wenn er saß, glaubte man, er stehe. Und wenn er vom Stuhl aufstand, dachte man, er setze sich. Unter den großen Männern gibt es viele kleine Leute, man muß nicht verzweifeln.

Ich ging sehr gern zur Schule und habe, in meiner gesamten Schulzeit, keinen Tag gefehlt. Es grenzte an Rekordhascherei. Ich marschierte morgens mit dem Ranzen los, ob ich gesund oder stockheiser war, ob mir die Mandeln wehtaten oder die Zähne, ob ich Bauchschmerzen hatte oder einen Furunkel auf der Sitzfläche. Ich wollte lernen und nicht einen Tag versäumen. Bedenklichere Krankheiten verlegte ich in die Ferien. Ein einziges Mal hätte ich beinahe kapituliert. Daran war ein Unfall schuld, und der kam so zustande:

Ich war, an einem Sonnabend, im Turnverein gewesen, hatte auf dem Heimweg bei der klitzekleinen Frau Stamnitz ein paar Sonntagsblumen besorgt und hörte, als ich den Hausflur betrat, wie ein paar Stockwerke höher die Treppen mit der Wurzelbürste gescheuert wurden. Da ich wußte, daß meine Mutter, laut Hausordnung, am Scheuern war, sprang ich, drei Stufen auf einmal nehmend, treppauf, rief laut und fröhlich: »Mama!«, rutschte aus und fiel, noch im Rufen und deshalb mit offenem Mund, aufs Kinn. Die Treppenstufen waren aus Granit. Meine Zunge nicht.

Es war eine gräßliche Geschichte. Ich hatte mir die Zungenränder durchgebissen. Näheres konnte Sanitätsrat Zimmermann, der freundliche Hausarzt mit dem Knebelbart, zunächst nicht sagen, denn die Zunge war dick geschwollen und füllte die Mundhöhle wie ein

94

Kloß. Wie ein teuflisch schmerzender und keineswegs schmackhafter Kloß! Womöglich, sagte Doktor Zimmermann, werde man die Wunden nähen müssen, denn die Zunge sei ein fürs Sprechen, Essen und Trinken unentbehrlicher Muskel. Die Zunge nähen! Meine Eltern und ich fielen fast in Ohnmacht. Und auch der Doktor Zimmermann fühlte sich nicht zum besten. Er kannte mich, seit ich auf der Welt war, und hätte sich die Zunge lieber selber mit Nadel und Faden zusammenflicken lassen als mir. Zunächst verordnete er Bettruhe und Kamillentee. Es wurde keine erfreuliche Nacht. Kaum zehn Tropfen Kamillentee hatten im Munde Platz. Schluckbewegungen waren unmöglich. Von Schlaf konnte nicht die Rede sein. Daran änderte sich auch am Sonntag nichts.

Aber am Montagmorgen ging ich, mit wackligen Knien und gegen den Willen der Eltern und des Arztes, in die Schule! Niemand hätte mich aufhalten können. Meine Mutter lief, besorgt und erschöpft, neben mir her, erzählte dem Lehrer, was geschehen sei, bat ihn, auf mich ein Auge zu haben, und verließ, nach einem letzten Blick auf mein verquollenes Gesicht, das völlig verblüffte Klassenzimmer.

Die Heilung dauerte sechs Wochen. Drei Wochen lang lebte ich von Milch, die ich mühsam mit einem Glasröhrchen trank. Drei Wochen ernährte ich mich von Milch mit eingebrocktem Zwieback. In den Frühstückspausen saß ich allein im Klassenzimmer, verzog beim Schlucken das Gesicht und lauschte dem Lärm und dem Lachen, die vom Schulhof heraufdrangen.

Während des Unterrichts blieb ich stumm. Manchmal, wenn niemand sonst die Antwort wußte, schrieb ich sie auf einen Zettel und brachte ihn zum Katheder.

Die Zunge mußte nicht genäht werden. Sie schwoll langsam ab. Nach anderthalb Monaten konnte ich wieder essen und sprechen. Zwei Narben blieben, links und rechts, zurück, und ich habe sie heute noch. Sie sind im Laufe der Jahrzehnte kleiner geworden und der Zungenwurzel nähergerückt. Aber verlangt nur nicht, daß ich euch die Narben zeige! Ich strecke meinen Lesern nicht die Zunge heraus.

Der Weg zum Heller, wo wir im Sommer spielten, war nicht weit, und doch war es, aus dem Wirrwarr der Straßen heraus, der Weg in eine andere Welt. Wir pflückten Blaubeeren. Das Heidekraut duftete. Die Wipfel der Kiefern bewegten sich lautlos. Der müde Wind trug, aus der Militärbäckerei, den Geruch von frischem, noch warmem Kommißbrot zu uns herüber. Manchmal ratterte der Bummelzug nach Klotzsche über die Gleise. Oder zwei bewaffnete Soldaten brachten einen Trupp verdrossener Häftlinge vom Arbeitskommando ins Militärgefängnis zurück. Sie trugen Drillich, hatten an der Mütze keine Kokarden, und unter ihren Knobelbechern knirschte der Sand.

Wir sahen, wie sie die Bahnüberführung kreuzten und im Gefängnis verschwanden. Manche Zellenfenster waren vergittert, andre mit dunkelbraunem Bretterholz so vernagelt, daß nur von oben ein bißchen Tageslicht in die Zellen sickern konnte. Hinter den verschalten Fenstern, hatten wir gehört, hockten die Schwerverbrecher. Sie sahen die Sonne nicht, die Kiefern nicht und auch uns nicht, die vom Indianerspiel ermüdeten Kinder im blühenden Heidekraut. Aber sie hörten es wie wir, wenn am Bahnwärterhäuschen das Zugsignal läutete. Was mochten sie verbrochen haben? Wir wußten es nicht. – Die Glöckchen der Erikablüten und das Kommißbrot dufteten. Das Zugsignal läutete. Der Bahnwärter, der seine Blumen gegossen hatte, setzte die Dienstmütze auf und erwartete, in strammer Haltung, den nächsten Zug. Der Zug schnaufte vorbei. Wir winkten, bis er in der Kurve verschwand. Dann gingen wir nach Hause. Zurück in unsere Mietskasernen. Die Eltern, die Königsbrücker Straße und das Abendbrot warteten schon.

Sonst spielten wir in den Hinterhöfen, turnten an den Teppichstangen und ließen uns, aus den Küchenfenstern, die Vesperbrote herunterwerfen. Es war wie im Märchen, wenn sie, in Papier gewickelt, durch die Luft trudelten und auf dem Hofpflaster aufklatschten. Es war, als fiele Manna vom Himmel, obwohl es Brote mit Leberwurst und Schweineschmalz waren. Ach, wie sie schmeckten! Nie im Leben hab ich etwas Besseres gegessen, nicht im Baur au Lac in Zürich und nicht im Hotel Ritz in London. Und es hülfe wohl auch nichts, wenn ich künftig den Chefkoch bäte, mir die getrüffelte Gänseleberpastete aus dem Fenster auf die Hotelterrasse zu werfen. Denn sogar wenn er es, gegen ein beträchtliches Trinkgeld, täte, – Brote mit Schweineschmalz wären es deshalb noch lange nicht.

Bei Regen spielten wir im Hausflur oder, über Fleischer Kießlings Pferdestall, auf dem Futterboden, wo es nach Häcksel, Heu und Kleie roch. Oder wir enterten den Lieferwagen, knallten mit der Peitsche und jagten ratternd und rumpelnd über die Prärie. Oder wir plauderten mit dem stampfenden Pferd im Stall. Manchmal besuchten wir auch Gustavs Vater, den Herrn Fleischermeister, im Schlachthaus, wo er mit dem Gesellen zwischen hölzernen Mulden, Schweinsdärmen und Wurstkesseln hantierte. Wir bevorzugten die Freitage. Da wurde frische Blut- und Leberwurst gekocht, gerührt und abgefaßt, und wir durften sachverständig kosten. Unser Sachverständnis war über jeden Zweifel erhaben. Auch auf dem Spezialgebiet ›Warme Knoblauchwurst‹.

Noch jetzt, an meiner Schreibmaschine, läuft mir das Wasser im Munde zusammen. Aber das hilft mir nichts. Es gibt keine warme Knoblauchwurst mehr. Sie ist ausgestorben. Auch in Sachsen. Vielleicht haben sich die Fleischermeister meiner Kindheit mit dem Rezept im Bratenrock begraben lassen? Das wäre ein schwerer Verlust für die Kulturwelt.

Eine Zeitlang frönte ich dem Billardspiel. Der Vater eines Schulkameraden hatte, in der Nähe des Johannstädter Ufers, eine Gastwirtschaft. Nachmittags war sie leer, der Vater machte oben in der Wohnung sein Schläfchen, und nur die Kellnerin paßte auf, ob womöglich doch ein verirrter und durstiger Wanderer einträte. Sie spülte hinter der Theke Gläser, machte uns

Zuckerbier oder einfaches Bier mit Himbeersaft zurecht, stiftete jedem von uns beiden einen langen Holzlöffel zum Umrühren, und dann zogen wir uns dezent ins Vereinszimmer zurück! Hier stand ein Billard!

Wir hängten unsre Jacken über Stühle, denn die Haken am Garderobenständer waren für uns zu hoch. Wir suchten uns an der Wand die kleinsten Billardstöcke aus und stellten uns beim Einkreiden auf die Zehenspitzen. Denn die Queues waren zu lang, und zu dick und zu schwer waren sie außerdem. Es war ein mühsames Geschäft. Das Billard war zu hoch und zu breit. Die Elfenbeinkugeln kamen nicht richtig in Fahrt. Bei raffinierten Effetstößen lagen wir mit dem Bauch auf dem Brett, und unsre Beine zappelten in der Luft. Wer das Resultat auf die Schiefertafel schreiben wollte, mußte auf einen Stuhl steigen. Wir quälten uns wie Gulliver im Lande der Riesen ab, und eigentlich hätten wir über uns lachen sollen. Doch wir lachten keineswegs, sondern benahmen und bewegten uns ernst und gemessen, wie erwachsene Männer beim Turnier um die Mitteldeutsche Billardmeisterschaft. Dieser Ernst machte uns sehr viel Spaß.

Bis wir eines Tages ein Loch in das grüne Tuch stießen! Ich weiß nicht mehr, wer der Pechvogel war, ob er oder ich, doch daß ein großer dreieckiger Riß in dem kostbaren Tuche klaffte, das weiß ich noch. Ich schlich zerknirscht von dannen. Der Schulfreund erhielt, noch am gleichen Abend, von kundiger Vaterhand die erwarteten Prügel. Und mit unseren Billardturnieren samt Zuckerbier war es für alle Zeit vorbei. Den Namen der Gastwirtschaft und der Straße, sogar den des Schulfreundes hab ich vergessen. Er ist durch das große, grobe Sieb gefallen. Wohin? Ins Leere, das leerbleibt, so viel auch hineinfällt? Das Gedächtnis ist ungerecht.

Kinder spielen unbändig gerne Theater. Kleine Mädchen legen ihre Puppen trocken und zanken sie aus. Kleine Jungen stülpen sich Aluminiumtöpfe aufs Haupt, senken die Stimme und sind, mit einem Schlage, kühne Ritter und allmächtige Kaiser. Und auch die Erwachsenen verkleiden und verstellen sich gern. Besonders im Februar. Dann kaufen, leihen oder nähen sie sich Kostüme, tanzen als Odalisken, Marsmenschen, Neger, Apachen und Zigeunerinnen durch die Ballsäle und benehmen sich ganz, ganz anders, als sie in Wirklichkeit sind.

Dieses heitere Talent war und ist mir fremd. Ich kann, wie es heißt, nicht aus meiner Haut heraus. Ich kann Figuren erfinden, doch ich mag sie nicht darstellen. Ich liebe das Theaterspielen von Herzen, aber als Zuschauer. Und wenn ich mir zum Karneval, um nur ja niemandem den Spaß zu verderben, einen Bart klebe und als Kaiser Wilhelm mitgehe, stehe und sitze ich wie ein Ölgötze im Saal herum und spiele nicht mit, sondern schaue zu. Bin ich zu schüchtern? Bin ich zu nüchtern? Ich weiß es nicht genau.

Nun, es muß auch Zuschauer geben! Wenn niemand im Parkett säße, brauchten die Schauspieler ihre Perücken und Kronen gar nicht erst aufzusetzen. Sie müßten ihre Schminkschatullen ins Leihhaus tragen und einen Beruf ergreifen, der ohne Zuschauer auskommt. Ein wahres Glück also, daß es mich und meinesgleichen gibt!

Meine Laufbahn als Zuschauer begann sehr früh, und der Zeitpunkt war ein Zufall. Ich war sieben oder acht Jahre alt, als meine Mutter bei Frau Wähner, ihrer Putzmacherin, eine gewisse Frau Gans kennenlernte und sich mit ihr anfreundete. Frau Gans war eine imposante Dame. Sie wirkte, ihrem Namen zum Trotz, eher wie ein Schwan oder ein Pfau, war mit einem Theatermanne befreundet und hatte zwei kleine Töchter. Die ältere war sanft und bildschön, lag meist krank im Bett und starb, sanft und schön, schon als Kind. Die andere Tochter hieß Hilde und war weder schön noch sanft, sondern hatte, statt dessen, ein Temperament wie ein Gala-Riesenfeuerwerk. Dieses wilde Temperament platzte ihr aus allen Nähten, war unbezähmbar und stürmte, wie zwischen zwei hohen Mauern, auf ein einziges Ziel los: aufs Theaterspielen.

Die kleine Hilde Gans spielte Theater, wo sie ging und stand. Sie spielte ohne Publikum. Sie spielte mit Publikum. Und das Publikum bestand, wenn wir in der Kurfürstenstraße zu Besuch waren, aus vier Personen: aus ihrer und meiner Mutter, aus mir und ihrer bettlägerigen Schwester. Die Vorstellung begann damit, daß sie zunächst die Kassiererin spielte und uns Eintrittskarten verkaufte. Sie hockte, im Kopftuch, zwischen dem Schlaf- und Wohnzimmer in der offenen Tür und händigte uns, gegen angemessene Bezahlung, bekritzelte Papierschnitzel aus. Der Erste Platz kostete zwei Pfennige, der Zweite Platz einen Pfennig.

Der Preisunterschied wäre eigentlich gar nicht nötig gewesen. Denn die Schwester blieb sowieso im Bett, und die restlichen drei Zuschauer hätten es sehr ungeschickt anstellen müssen, wenn sie einander die Aussicht hätten verderben wollen. Aber Ordnung mußte sein, und Hilde schickte, als Platzanweiserin, jeden, der nur einen Pfennig gezahlt hatte, unnachsichtig in die zweite Stuhlreihe. Als Platzanweiserin trug sie übrigens kein Kopftuch, sondern eine weiße Haarschleife.

Sobald wir saßen, begann die Vorstellung. Das Ensemble bestand nur aus der Künstlerin Hilde Gans. Doch das machte nichts. Sie spielte alle Rollenfächer. Sie spielte Greise, Kinder, Helden, Hexen, Feen, Mörder und holde Jungfrauen. Sie verkleidete und verwandelte sich auf offener Bühne. Sie sang, sprang, tanzte, lachte, schrie und weinte, daß das Wohnzimmer zitterte. Die Eintrittspreise waren nicht zu hoch! Wir bekamen für unser teures Geld wahrhaftig allerlei geboten! Und aus dem Schlafzimmer hörten wir ab und zu das hüstelnde, dünne Lachen der sanften, kranken Schwester.

Der mit Frau Gans, der Mutter der jungen Künstlerin, befreundete Theaterfachmann, selber ein Künstler von ehemals hohen Graden, hatte mit der Verwaltung der beiden Bühnen des Dresdner ›Volkswohls‹ zu tun. Die eine Bühne hieß das ›Naturtheater‹ und lag, von einem hohen gebeizten Bretterzaun umschlossen, unter freiem Himmel mitten im Wald. Hier wurde an drei Nachmittagen der Woche gespielt. Man saß, im Halbrund, auf primitiven Holzbänken und erfreute sich an Märchen, handfesten Volksstücken, Lustspielen und Schwänken. Es roch nach Kiefernadeln. Ameisen krabbelten strumpfauf. Zaungäste steckten die Nase über die Palisaden. Der Sommer schnurrte in der Sonne wie eine Katze.

Manchmal zogen schwarze Wolken herauf, und wir blickten besorgt nach oben. Manchmal grollte der Donner, und die Schauspieler erhoben ihre Stimmen gegen die unlautere, immer lauter werdende Konkurrenz. Und manchmal zerplatzten die Wolken, die Blitze züngelten, und der Regen prasselte in den letzten Akt. Dann flohen wir, und auch die Schauspieler brachten sich und die Kostüme in Sicherheit. Die Natur hatte über die Kunst gesiegt.

Wir standen, mit den Mänteln überm Kopf, unter mächtigen Bäumen. Sie bogen sich im Sturm. Ich drängte mich an meine Mutter, suchte den Schluß des Theaterstücks zu erraten, um den uns der Himmel, boshafterweise, betrogen hatte, und wurde naß und nässer.

Die andere Bühne des Volkswohls, ein vom Himmel unabhängiger Saal, befand sich in der Trabantengasse. Auch hier waren wir Stammgäste. Auch hier wurde ordentlich Theater gespielt. Und hier stand die kleine Hilde Gans zum ersten Male selber droben auf den Brettern! Sie spielte, in einer Bearbeitung des wundervollen Hauffschen Märchens ›Zwerg Nase‹, die Titelrolle! Sie spielte sie mit einem Buckel, einer roten Perücke, einer enormen Klebnase, einer Fistelstimme und einem Temperament, das die Zuschauer umwarf! Auch meine Mutter und ich, erfahrene Hilde Gans-Kenner, waren hingerissen! Von der Muttergans, nein, der Mutter Gans, ganz zu schweigen!

Mit diesem Erfolge war das Schicksal meiner Freundin Hilde besiegelt. Sie wurde, als Kind schon, Berufsschauspielerin, nahm Gesangsunterricht und wurde Soubrette. Da gerade für eine Sängerin der Name Gans nicht sehr vorteilhaft klingt, nannte sie sich seitdem Inge van der Straaten. Warum sie nicht berühmt geworden ist, weiß ich nicht. Das Leben hat seinen eigenen Kopf.

Bald wurden die Dresdner Theater mein zweites Zuhause. Und oft mußte mein Vater allein zu Abend essen, weil Mama und ich, meist auf Stehplätzen, der Muse Thalia huldigten. Unser Abendbrot fand in der Großen Pause statt. In Treppenwinkeln. Dort wurden die Wurstsemmeln ausgewickelt. Und das Butterbrotpapier verschwand, säuberlich gefaltet, wieder in Mutters brauner Handtasche.

Wir bevölkerten das Alberttheater, das Schauspielhaus und die Oper. Stundenlang warteten wir auf der Straße, um, wenn die Kasse geöffnet wurde, die billigsten Plätze zu ergattern. Mißlang uns das, so gingen wir niedergeschlagen heim, als hätten wir eine Schlacht verloren. Doch wir verloren nicht viele Schlachten. Wir eroberten uns unsre Stehplätze mit Geschick und

Geduld. Und wir harrten tapfer aus. Wer jemals den ›Faust‹ oder eine Oper von Richard Wagner buchstäblich durchgestanden hat, wird uns seine Anerkennung nicht versagen. Ein einziges Mal nur sank meine Mutter ohnmächtig zusammen, während der ›Meistersinger‹, an einem heißen Sommerabend. So kamen wir, auf den Stufen im letzten Rang, sogar zu zwei Sitzplätzen und konnten die Feier auf der Festwiese wenigstens hören.

Meine Liebe zum Theater war die Liebe auf den ersten Blick, und sie wird meine Liebe bis zum letzten Blick bleiben. Mitunter hab ich Theaterkritiken geschrieben, zuweilen ein Stück, und die Ansichten über diese Versuche mögen auseinandergehen. Doch eines lasse ich mir nicht abstreiten: Als Zuschauer bin ich nicht zu übertreffen.

Vom Kleinmaleins des Lebens

Die ersten Schuljahre flossen friedlich und freundlich dahin. Lehrer Bremser mußte sich nicht allzusehr über uns ärgern, und auch wir waren mit ihm recht zufrieden. Vor den Osterferien wurden feierlich die Zensuren verteilt. Die Eltern durften dabei sein, und um sie zu erfreuen, sangen wir Kinderlieder und deklamierten Lesebuchgedichte. Da ich damals, für besondere Gelegenheiten, einen Samtanzug trug und als Vortragskünstler unentbehrlich zu sein schien, nickten die Erwachsenen, wenn ich aufstand und zur Saalmitte schritt, einander lächelnd zu und murmelten: »Die kleine Samthose macht auch wieder mit!« Die kleine Samthose, das war ich. Und Frau Kästner setzte sich, stolzgeschwellt, kerzengerade. Sie hatte, im Gegensatz zu mir, keinerlei Lampenfieber und nicht die mindeste Sorge, ich könne steckenbleiben. Sie behielt, wie immer, recht. Ich blieb nicht stecken. Die Zensuren waren, wie immer, vorzüglich. Und auf dem Nachhauseweg gingen wir in die Konditorei ›Parseval‹, wo ich mit Bienenstich, Prasselkuchen und heißer Schokolade traktiert wurde. (Wißt ihr, was Prasselkuchen ist? Nein? Ach, ihr Ärmsten!)

Da ich Lehrer werden wollte und sollte, gab es beizeiten mancherlei zu bedenken. Und es wurde beizeiten bedacht. Die Ausbildung würde Geld kosten. Die Jahre im Internat würden Geld kosten. Das Schulgeld würde Geld kosten. Der Klavierunterricht würde Geld kosten. Und das Klavier selber würde auch Geld kosten. Es kostete dann, ich weiß es noch genau, ›gebraucht und aus privater Hand‹, achthundert Mark. Das war ein Vermögen!

Mein Vater hatte längst begonnen, nach Feierabend daheim für Nachbarn und Verwandte Taschen und Mappen instand zu setzen, Schuhe zu besohlen, Ranzen und Koffer nachzunähen und unzerreißbare Portemonnaies und Brieftaschen herzustellen, die das Entzücken der Kundschaft wachriefen. Er saß, mit der Zigarre im Mund, neben dem Küchenfenster auf seinem Schusterschemel und hantierte unermüdlich mit Nägeln, Stiften, Sandpapier, Pechfaden, Wachs und Nadeln, mit Hammer, Messer, Knieriemen, Schmiege und Falzbein, und auf dem Herd, neben der Nudelsuppe, kochte der Leim im Topf. Wißt ihr, wie kochender und brutzelnder Leim riecht? Noch dazu in der Küche? Für einen Sattler und Tapezierer mag er ja wie Rosenwasser duften. Doch für eine Frau, die am Herde steht und abends das Mittagessen vorkocht, stinkt er wie tausend ungewaschne Teufel! Die Nudelsuppe, das Rindfleisch, die weißen Bohnen und die Linsen, alles, was sie koche, erklärte meine Mutter, rieche und schmecke nach Leim, und nun sei damit Schluß!

So wurde mein Vater aus dem Küchenparadies vertrieben. Er ging in die Verbannung. Von nun an saß er abends, hinter dem Lattenverschlag, zwischen unseren Kohlen, Briketts und Kartoffeln, mit der Strickjacke und dicken Filzpantoffeln, drunten im Keller. Hier war jetzt seine Werkstatt. Hier kräuselte sich jetzt der Rauch seiner Zigarre. Hier unten schmorte nun, auf einem Spirituskocher, der Blasen werfende Leim. Dem Leim und meinem Vater war seitdem viel wohler zumute.

Hier unten baute er noch, mit siebzig Jahren und manchem Topfe Leim, ein lebensgroßes Pferd! Ein Pferd mit Glasaugen, aber mit echter Mähne und echtem Schweif; und Sattel und Zaumzeug wurden von den Hausbewohnern ehrfürchtig angestaunt. Auf diesem Pferde, vom Widerrist aus lenkbar, weil das edle Tier unter der Schabracke statt der Hufe gekoppelte Gummiräder hatte – auf diesem stolzen Renner wollte mein Vater am Faschingsumzug teilnehmen. Daraus wurde leider nichts. Denn der Motor des Pferdes, ein gleichfalls siebzigjähriger Bekannter, der, unter der Schabracke verborgen, Pferd und Reiter hätte schieben müssen, bekam die Grippe. So fiel der schöne Plan ins Wasser. Doch mein Vater trug auch diese Enttäuschung mit der ihm eignen Geduld. Der Geduldsfaden riß ihm, in seinem geduldigen Leben, nur ganz, ganz selten. Er war stets ein Meister des Handwerks und fast immer ein Meister im Lächeln. Er ist es auch heute noch.

Als ich ein kleiner Junge war, baute mein Vater noch keine lebensgroßen Pferde. Er wollte soviel Geld wie möglich verdienen, damit ich Lehrer werden konnte. Und er arbeitete und verdiente, soviel er vermochte, und das war zu wenig.

Deshalb beschloß meine Mutter, einen Beruf zu erlernen. Und wenn meine Mutter etwas beschlossen hatte, gab es niemanden, der es gewagt hätte, sich ihr in den Weg zu stellen. Kein Zufall und kein Schicksal wären so vorlaut gewesen! Ida Kästner, schon über fünfunddreißig Jahre alt, beschloß, einen Beruf zu ergreifen, und sie ergriff ihn. Weder sie noch das Schicksal zuckten mit der Wimper. Die Größe eines Menschen hängt nicht von der Größe seines Wirkungsfeldes ab. Das ist ein Lehrsatz und ein Grundsatz aus dem Kleinmaleins des Lebens. In den Schulen wird er nur selten erwähnt.

Meine Mutter wollte, trotz ihres Alters wie ein Lehrling, das Frisieren erlernen und eine selbständige Friseuse werden. Nicht mit einem Ladengeschäft, das wäre zu teuer geworden. Sondern mit der Erlaubnis, das Gewerbe des Frisierens, des Ondulierens, der Kopfwäsche und der schwedischen Kopfmassage in der Wohnung auszuüben. Der Innungsmeister, den sie aufsuchte, machte viele Einwände. Sie ließ keinen Einwand gelten, und so galt keiner. Sie wurde an Herrn Schubert, einen renommierten Damenfriseur in der Strehlener Straße, verwiesen. Hier lernte sie, mit Talent und Feuereifer, alles, was es zu lernen gab, und kam, wochenlang, erst abends nach Ladenschluß heim. Müde und glücklich.

Damals war ich viel allein. Mittags aß ich für fünfzig Pfennig im Volkswohl. Hier herrschte Selbstbedienung, und das Eßbesteck, das man mitbringen mußte, holte ich aus dem Ranzen. Zu Hause spielte ich, mit Mamas Schlüsselbund, Wohnungsinhaber, machte Schularbeiten und Besorgungen, holte Holz und Kohlen aus dem Keller, schob Briketts in den Ofen, kochte und trank mit dem Lehrer Schurig, wenn er heimgekommen war, Kaffee und ging, während er sein Nachmittagsschläfchen auf dem grünen Sofa erledigte, in den Hof. Wenn er wieder fort war, wusch und schälte ich Kartoffeln, schnitt mich ein bißchen in den Finger und las, bis es dämmerte.

Oder ich marschierte quer durch die Stadt und holte meine Mutter bei Schuberts ab. Wenn ich, aus Angst, zu spät zu kommen, zu früh kam, sah ich zu, wie sie die Brenneisen schwang, erst an einem Stück Seidenpapier ausprobierte und dann an den meterlangen Haaren der Kundinnen. Die Frauen hatten ja damals noch lange Haare, und bei manchen reichten sie bis in die Kniekehlen! Es roch nach Parfum und Birkenwasser. Die Kundinnen blickten unverwandt in den Spiegel und begutachteten die Frisur, die unter Mamas flinken Händen und unter Zuhilfenahme von Haarwolle, Brillantine und Lockennadeln hervorwuchs. Zuweilen blieb Meister Schubert, im weißen Kittel, neben seiner Schülerin und deren Opfer stehen, lobte oder griff kurz ein und zeigte sich von Woche zu Woche zufriedener.

Schließlich teilte er der Innung mit, daß die Hospitantin bei ihm alles Erforderliche gelernt habe, für ihr Handwerk viel Geschick und Geschmack besitze und daß er, als Meister und Inhaber Goldener und Silberner Medaillen, die Zulassung der Antragstellerin entschieden befürworte. Daraufhin erhielt Frau Ida Amalia Kästner, geb. Augustin, eine Urkunde, worauf der ›Vorgenannten‹ erlaubt wurde, sich als selbständige Friseuse zu bezeichnen und zu betätigen. Daraufhin holte ich, am selben Abend, in der Restauration ›Sibyllenort‹, Ekke Jordanstraße, zwei Liter einfaches Bier, und der Sieg wurde gewaltig gefeiert.

Als Friseurladen wurde, da kein anderer Platz übrigblieb, das linke Vorderviertel des Schlafzimmers hergerichtet. Mit einem Wandspiegel, einer Lampe, einem Wasserbecken, einem Anschluß für den Trockenapparat und mit Wandarmen für die Erhitzung der Brenn- und Ondulierscheren. Auf eine Warmwasseranlage wurde großzügig verzichtet. Sie wäre zu teuer geworden. Die Herstellung heißen Wassers für die Kopfwäsche, auf den Gasflammen in der Küche, wurde mir übertragen, und ich habe in den folgenden Jahren ganz gewiß Tausende von Krügen aus der Küche ins Schlafzimmer transportiert.

Kämme und Bürsten, Frottier- und Handtücher, flüssige Seife, Haarwasser, Brillantine, Nadeln, Lockennadeln, Haarnetze, Haareinlagen und Fette für die Kopfmassage mußten angeschafft werden. Geschäftskarten wurden verteilt. An der Haustür wurde ein Porzellanschild angeschraubt. Abonnementkarten, für Frisuren und für Kopfmassagen, wurden gedruckt. O, es gab vielerlei zu bedenken!

Schließlich mußte Tante Martha noch ein paar Tage ihren Kopf hinhalten. Die ältere Schwester ondulierte, massierte und frisierte die jüngere, bis beiden vor Eifer und Gelächter die Puste ausging. Der einen taten die Finger und der anderen der Kopf weh. Doch die Generalprobe war nötig gewesen. Premieren ohne Generalprobe gibt es nicht. Erst dann darf das Publikum kommen. Und das Publikum kam.

Die Frau Bäckermeisterin Wirth und die Frau Bäckermeisterin Ziesche, die Frau Fleischermeisterin Kießling und die Frau Gemüsehändlerin Kletsch, die Frauen des Klempnermeisters, des Fahrradhändlers, des Tischlermeisters, des Blumenhändlers, des Drogisten und des Papierwarengeschäftsinhabers, die Frau des Schneidermeisters Großhennig, des Weiß- und Kurzwarenhändlers Kühne, des Restaurateurs, des Fotografen, des Apothekers, des Spirituosenhändlers, des Kohlenhändlers, des Wäschereibesitzers Bauer, die Inhaberin des Milchgeschäfts, die Töchter dieser Frauen, die Leiterinnen von Filialen und die Verkäuferinnen, – alle strömten herbei. Erstens mußten sie, hinterm Ladentisch, adrett aussehen. Zweitens gab es in unserer Gegend wenig Damenfriseure. Drittens kamen sie, weil wir bei ihnen einkauften, und viertens, weil meine Mutter tüchtig und preiswert war.

Sie hatte alle Hände voll zu tun. Das Geschäft florierte. Und oft genug mußte ich aufpassen, daß das Mittagessen auf dem Herde nicht völlig verbrutzelte. »Erich, iß schon immer!« rief sie von nebenan. Aber ich wartete, drehte die Gasflamme klein, löffelte Wasser in die dampfenden Kochtöpfe, präparierte die Bratpfanne, deckte den Küchentisch und las, bis, nach längeren Unterhaltungen zwischen der Kundschaft und der geschätzten Friseuse im Korridor, endlich die Wohnungstür zuschlug.

Die geschätzte Friseuse wirkte auch außer Haus. Dann packte sie ihr Handwerkszeug, samt dem Spiritusbrenner, in die Mappe und eilte im Geschwindschritt bis, wenn es sein mußte, in die entferntesten Stadtviertel. Diese beruflichen Gewaltmärsche galten vor allem den Kundinnen ›im festen Abonnement‹. Auf sie mußte besondere Rücksicht genommen werden, denn sie waren schließlich das Rückgrat des Geschäfts. Sie zahlten ja zehn oder zwanzig Frisuren oder Massagen auf einmal! Unter den Abonnentinnen befand sich die Gattin eines reichen Juweliers, aber auch eine ärmliche Hausiererin, und gerade an sie erinnere ich mich gut.

Sie hieß Fräulein Jaenichen, wohnte am Turnerweg, über einer Kneipe, in einem trostlosen Zimmer und konnte sich nicht selbst frisieren, weil sie ein Krüppel war. Ihre Hände, aber auch die Füße, ja, der ganze Körper, alles war krumm und schief und verbogen. Niemand kümmerte sich um die unglückliche Person. Und so humpelte sie, auf eine kurze und eine längere Krücke gestützt, mit einer schweren Kiepe auf dem Buckel, über Land. Sie klingelte bei den Bauern und verkaufte allerlei kleinen Hausrat: Knöpfe, Bänder, Sicherheitsnadeln, Borten, Schnürsenkel, Schürzen, Wetzsteine, Gasanzünder, Nähseide, Strickwolle, Häkeldeckchen, Taschenmesser, Bleistifte und vieles andre. Und gerade weil sie so abschreckend aussah, die Arme, legte sie besonderen Wert darauf, schön frisiert zu sein.

Morgens gegen sechs Uhr mußte meine Mutter aus dem Haus. Ich begleitete sie sehr oft, als würde es ihr dadurch leichter, das muffige Zimmer und den Anblick der unglückseligen Person zu ertragen. Eine halbe Stunde später halfen wir ihr, den schweren Korb mit den breiten Ledergurten zu schultern. Und dann kroch und watschelte sie, auf die ungleichen Krücken gestützt, zum Neustädter Bahnhof, von wo aus sie, in Vorortzügen, auf die Dörfer fuhr. Sie wankte, gebückt und nach beiden Seiten pendelnd, den Bahndamm entlang, hinein in die kühle Frühe und brauchte zehnmal mehr Zeit als die anderen Leute, die sie überholten. Es sah aus, als humple und trete sie auf der Stelle.

Sehr wichtig waren auch, geschäftlich betrachtet, die Hochzeiten. Da galt es, in der Wohnung der Brauteltern zehn, zwölf, wenn nicht gar fünfzehn weibliche Wesen herzurichten: die Brautjungfern, die Mutter, die Schwiegermutter, die Schwestern, Tanten, Freundinnen, Großmütter und Schwägerinnen und, vor allem, die glückliche Braut höchstselbst. Die Wohnungen waren klein. Die Aufregung war groß. Man trank süßen Südwein. In der Küche brannte der Quarkkuchen an. Die Schneiderin brachte das Hochzeitskleid zu spät. Die Braut heulte. Der Bräutigam kam zu früh. Die Braut heulte noch mehr. Der Brautvater schimpfte, weil er die Schachtel mit den Kragenknöpfchen nicht fand. Die Frauen, in Taft und Seide, schnatterten. »Frau Kästner!« rief es hier. »Frau Kästner!« rief es dort. Frau Kästner steckte inzwischen den Brautschleier und schnitt, weil er zu lang war, mit der Schere einen halben Meter weißen Tüll ab.

Vorm Haus bremsten die Hochzeitskutschen. Der Bräutigam und ein Brautführer polterten mit Flaschenbieren treppab, um den Kutschern das Warten zu erleichtern. Doch auch das war kein rechter Ausweg. Denn der Herr Pastor am Traualtar, der wartete nicht! Es wurde ja nicht nur bei Müllers geheiratet, sondern auch bei Schulzes, Meiers und Grundmanns. Wo waren die Buketts und die Körbchen für die Blumenstreukinder, und wo steckten die Blumenstreukinder selber? Natürlich in der Küche, voller Kakaoflecken! Wo war die Flasche mit dem Fleckenwasser? Wo die Zylinderschachtel? Wo das Myrtensträußchen fürs Knopfloch? Wo waren die Gesangbücher?

Endlich knallte die Wohnungstür zu. Endlich rollten die Kutschen zur Kirche. Endlich war die Wohnung leer. Fast leer! Die Nachbarin, die versprochen hatte, auf den Braten aufzupassen, begann die Tische und die Stühle zusammenzustellen und die Hochzeitstafel zu decken. Mit den schönen Damasttüchern. Mit dem Meißner Zwiebelmusterporzellan. (›Protzellan‹ nannte ich das.) Mit dem Alpakasilber. Mit den bunten Kristallgläsern, die ›Römer‹ heißen. Mit kunstvoll über den Damast verstreuten Blumen.

Meine Mutter saß inzwischen, mit müden Füßen und schmerzenden Händen, am Küchentisch, trank eine Tasse Bohnenkaffee, probierte den Kuchen, wickelte für mich ein Stück ein, stopfte es in ihre große Tasche und zählte den Verdienst und das Trinkgeld. Alle Knochen taten ihr weh. Im Kopf sauste und brauste es. Doch die Hochzeit hatte sich gelohnt. Die nächste Rate fürs Klavier konnte bezahlt werden. Und die nächste Klavierstunde bei Fräulein Kurzhals auch.

Fräulein Kurzhals wohnte bei ihren Eltern, im gleichen Haus wie wir, nur zwei Stock höher, und war mit mir leider sehr unzufrieden. Und leider mit Recht. Das teure, goldverzierte Klangmöbel stand ja in Lehrer Schurigs Wohnzimmer! Wenn er in seiner Schule war, war ich in meiner Schule. Wenn ich zu Hause war, war meist auch er zu Hause. Wann hätte ich gründlich üben sollen? Andrerseits, ich mußte doch die geheimnisvolle schwarzweiße Tastenkunst erlernen, denn ich wollte ja Lehrer werden!

Mir blieb ein schwacher Trost in dunklen Stunden. Auch Paul Schurig spielte miserabel Klavier. Und er war trotzdem Lehrer geworden, na also!

Zwei folgenschwere Hochzeiten

Die seltsamste Hochzeit, an die ich mich erinnere, hat sich mir deswegen eingeprägt, weil sie überhaupt nicht stattfand. Und das lag nicht daran, daß der Bräutigam vorm Altar Nein gesagt hätte oder aus der Kirche geflüchtet wäre. Es lag daran, daß es gar keinen Bräutigam gab! Das beste wird sein, wenn ich die Geschichte der Reihe nach erzähle.

Eines Tages erschien bei uns ein älteres Fräulein namens Strempel, erzählte, daß sie am kommenden Sonnabend in der St. Pauli-Kirche getraut werden würde, und bestellte meine Mutter für acht Uhr morgens. In die Oppelstraße 27, zwei Treppen links. Zehn Köpfe müßten festlich hergerichtet werden. Die Brautkutsche und fünf Droschken seien bestellt. Das Essen liefere das Hotel Bellevue, mit einer Eisbombe zum Nachtisch und einem Servierkellner im Frack. Fräulein Strempel machte verklärte Augen und schwärmte wie ein Backfisch. Wir gratulierten ihr zu ihrem Glück, und als sie gegangen war, gratulierten wir uns. Doch wir gratulierten zu früh.

Denn als ich am Sonnabendmittag aus der Schule kam, saß meine Mutter niedergeschlagen in der Küche und hatte verweinte Augen. Sie hatte Punkt acht Uhr im Hause Oppelstraße 27, zwei Treppen links, geläutet, war verblüfft angegafft und ärgerlich abgewiesen worden. Hier wohne kein Fräulein Strempel, und niemand denke daran, mittags in der St. Pauli-Kirche zu heiraten!

Hatte sich meine Mutter eine falsche Hausnummer gemerkt? Sie fragte in den umliegenden Läden. Sie erkundigte sich in den Nachbarhäusern. Sie klingelte an allen Türen. Sie stellte die Oppelstraße auf den Kopf. Keiner kannte Fräulein Strempel. Und niemand hatte die Absicht, sich frisieren oder gar am Mittage trauen zu lassen. Unter den Leuten, die Auskunft gaben, waren auch nette Menschen, aber so gefällig war nicht einer.

Nun saßen wir also in der Küche und wunderten uns. Daß wir angeführt worden waren, hatten wir begriffen. Doch warum hatte uns die Person beschwindelt? Warum denn nur? Sie hatte meine Mutter geschädigt. Aber wo war ihr eigner Nutzen?

Ein paar Wochen später sah ich sie wieder! Ich kam mit Kießlings Gustav aus der Schule, und sie ging an uns vorüber, ohne mich zu erkennen. Sie schien es eilig zu haben. Da war nicht viel Zeit zu verlieren! Jetzt oder nie! Rasch nahm ich den Ranzen vom Rücken, gab ihn dem Freund, flüsterte: »Bring ihn zu meiner Mutter, und sag ihr, ich käme heute später!« Und schon lief ich der Person nach. Gustav starrte hinter mir drein, zuckte die Achseln und brachte brav den Schulranzen zu Kästners. »Der Erich kommt heute später«, richtete er aus. »Warum?« fragte meine Mutter. »Keine Ahnung«, sagte Gustav.

Inzwischen spielte ich Detektiv. Da mich Fräulein Strempel, die wahrscheinlich gar nicht Strempel hieß, nicht wiedererkannt hatte, war die Sache einfach. Ich brauchte mich nicht zu verstecken. Ich brauchte mir keinen Vollbart umzuhängen. Wo hätte ich den auch so schnell hernehmen sollen? Ich mußte nur aufpassen, daß ich ihr auf den Fersen blieb. Nicht einmal das war ganz leicht, denn Fräulein Strempel oder Nichtstrempel hatte große Eile und lange Beine. Wir kamen gut vorwärts.

Albertplatz, Hauptstraße, Neustädter Markt, Augustusbrücke, Schloßplatz, Georgentor, Schloßstraße, es wollte kein Ende nehmen. Und ganz plötzlich nahm es doch ein Ende. Die Person bog links in den Altmarkt ein und verschwand hinter den gläsernen Flügeltüren von Schlesinger & Co., feinste Damenkonfektion. Ich faßte mir ein Herz und folgte ihr. Was werden sollte, wußte ich nicht. Daß mich der Geschäftsführer, die Direktricen und die Verkäuferinnen musterten, war peinlich. Aber was half's? Die Person durchquerte das Erdgeschoß, Abteilung Damenmäntel. Ich auch. Sie stieg die Treppe hoch und passierte den ersten Stock, Abteilung Kostüme, und stieg die nächste Treppe hoch. Ich auch. Sie betrat den zweiten Stock, Abteilung Sommer- und Backfischkleider, ging auf einen Wandspiegel zu, schob ihn zur Seite – und verschwand! Der Spiegel schob sich, hinter ihr, wieder an den alten Fleck. Es war wie in ›Tausendundeine Nacht‹.

Da stand ich nun zwischen Ladentischen, Spiegeln, fahrbaren Garderoben und unbeschäftigten Verkäuferinnen und rührte mich, vor Schreck und Pflichtgefühl, nicht von der Stelle. Wenn wenigstens Kundinnen dagewesen wären und anprobiert und gekauft hätten! Aber es war ja Mittagszeit, da war man daheim und nicht bei Schlesingers! Die Verkäuferinnen begannen zu kichern. Eine von ihnen kam auf mich zu und fragte mutwillig:

»Wie wär's mit einem flotten Sommerkleidchen für den jungen Herrn? Wir haben entzückende Dessins auf Lager. Darf ich Sie zum Anprobieren in die Kabine bitten?« Die anderen Mädchen lachten und hielten sich die Hand vor den Mund. Solche Gänse! Wieso war Fräulein Nichtstrempel hinter dem Spiegel verschwunden? Und wo war sie jetzt? Ich stand wie auf Kohlen. Eine Minute kann sehr lang sein.

Und schon wieder näherte sich eines dieser niederträchtigen Frauenzimmer! Sie hatte ein buntes Kleid vom Bügel genommen, hielt es mir unters Kinn, kniff prüfend die Augen zusammen und sagte: »Der Ausschnitt bringt Ihre wundervolle Figur vorzüglich zur Geltung!« Die Mädchen wollten sich vor Lachen ausschütten. Ich wurde rot und wütend. Da erschien eine ältere Dame auf der Bildfläche, und die Etage wurde mäuschenstill. »Was machst denn du hier?« fragte sie streng. Weil mir nichts Besseres einfiel, antwortete ich: »Ich suche meine Mutter.« Eines der Mädchen rief: »Von uns ist es keine!«, und das Gelächter brach von neuem los. Sogar die ältere Dame verzog das Gesicht.

In diesem Moment glitt der Wandspiegel lautlos zur

Seite, und Fräulein Nichtstrempel trat heraus. Ohne Hut und Mantel. Sie strich sich übers Haar, sagte zu den anderen: »Mahlzeit allerseits!« und begab sich hinter einen der Ladentische, – sie war, bei Schlesinger im zweiten Stock, Verkäuferin! Und schon war ich auf der Treppe. Ich suchte den Geschäftsführer. Hier war ein Gespräch zwischen Männern am Platze!

Nachdem sich der Geschäftsführer meine Geschichte angehört hatte, hieß er mich warten, stieg in den zweiten Stock und kehrte, nach fünf Minuten, mit Fräulein Nichtstrempel zurück. Sie war wieder in Hut und Mantel. Und sie sah durch mich hindurch, als sei ich aus Glas. »Hör gut zu!« sagte er zu mir. »Fräulein Nitzsche geht jetzt mit dir nach Hause. Sie wird sich mit deiner Mutter einigen und deren Schaden ratenweise gutmachen. Hier ist ein Zettel mit Fräulein Nitzsches Adresse, steck ihn ein und gib ihn deiner Mutter! Sie kann mich, falls es notwendig sein sollte, jederzeit aufsuchen. Adieu!«

Die Glastüren schwangen auf und zu. Fräulein Strempel, die Nitzsche hieß, und ich standen auf dem Altmarkt. Sie bog, ohne mich eines Blickes zu würdigen, in die Schloßstraße ein, und ich folgte ihr. Es war ein schrecklicher Marsch. Ich hatte gesiegt und fühlte mich recht elend. Ich kam mir vor wie einer jener bewaffneten Soldaten, die auf dem Heller hinter den Militärgefangenen herliefen. Ich war stolz und schämte mich. Beides zu gleicher Zeit. Das gibt es.

Schloßstraße, Schloßplatz, Augustusbrücke, Neustädter Markt, Hauptstraße, Albertplatz, Königsbrücker Straße, – immer ging sie, kerzengerade, vor mir her. Immer folgte ich ihr mit fünf Schritten Abstand. Noch auf der Treppe. Vor unsrer Wohnungstür drehte sie sich zur Wand. Ich klingelte dreimal. Meine Mutter stürmte zur Tür, riß sie auf und rief: »Nun möchte ich endlich wissen, warum du ...« Dann merkte sie, daß ich nicht allein war und wen ich mitbrachte. »Treten Sie näher, Fräulein Strempel«, sagte sie. »Fräulein Nitzsche«, verbesserte ich.

Sie wurden sich einig. Man vereinbarte drei Monatsraten, und Fräulein Nitzsche kehrte, mit einer Bescheinigung meiner Mutter in der Handtasche, zu Schlesinger & Co. zurück. Sie verzog keine Miene. Der Schaden ließ sich verschmerzen. Und trotzdem war es eine Katastrophe. Wir erfuhren es mit der Zeit. Die Gläubiger kamen von allen Seiten. Das Hotel, die Weinhandlung, der Fuhrhalter mit der Hochzeitskutsche, der Blumenladen, ein Wäschegeschäft, alle fühlten sich geschädigt, und alle wollten einen Teil des Schadens ratenweise ersetzt haben. Und Fräulein Nitzsche zahlte ihn ab. Monatelang.

Zum Glück behielt sie ihren Posten bei Schlesinger. Denn sie war eine tüchtige Verkäuferin. Und der Geschäftsführer hatte begriffen, was ich noch nicht begreifen konnte. Ein alterndes Fräulein, das keinen Mann fand, hatte heiraten wollen, und weil sich ihr Wunsch nicht erfüllte, log sie sich die Hochzeit zusammen. Es war ein teurer Traum. Ein vergeblicher Traum. Und als sie erwacht war, bezahlte sie ihn ratenweise und wurde mit jeder Monatsrate ein Jahr älter. Manchmal begegneten wir uns auf der Straße. Wir sahen einander nicht an. Wir hatten beide recht und unrecht. Doch ich war besser dran. Denn sie bezahlte einen ausgeträumten Traum, ich aber war ein kleiner Junge.

Eine andere Hochzeit, an die ich mich erinnere, brachte uns noch viel mehr Kummer, obwohl sie kein mißratener Traum war, sondern stattfand, wie sich's gehört. Diesmal war der Bräutigam keine Erfindung. Es gab ihn, und er machte keine Fluchtversuche. Doch das Elternhaus der Braut und die Kirche lagen in Niederpoyritz, weit draußen im Elbtal, und der Wintertag, zwischen Weihnachten und Neujahr, war hart, eiskalt und unerbittlich.

Ich wartete im Gasthof. Ich saß und aß und las, und die Stunden ließen sich viel Zeit. Sie schlichen müde um den glühenden Kanonenofen herum. Die Welt vorm Fenster war grauweiß und kahl, und der Wind fegte die Felder wie ein betrunkener Hausknecht. Er kehrte den alten, verharschten Schnee aus einer Ecke in die andre. Er wirbelte ihn wie Staub in die Luft und heulte und johlte, daß die Fenster klirrten. Manchmal blickte ich hinaus und dachte: ›So muß es in Sibirien sein!‹ Und es war doch nur in Niederpoyritz bei Dresden an der Elbe.

Als mich meine Mutter nach fünf Stunden abholte, war sie von der Arbeit so erschöpft, daß sie sich nicht auszuruhen traute. Sie drängte zum Aufbruch. Sie wollte heim. Und so machten wir uns auf den Weg. Es war ein Weg ohne Wege. Es war ein Tag ohne Licht. Wir versanken in Schneewehen. Der Sturm sprang uns von allen Seiten an, daß wir taumelten. Wir hielten uns aneinander fest. Wir froren bis unter die Haut. Die Hände starben ab. Die Füße waren wie aus Holz. Die Nase und die Ohren wurden kalkweiß.

Kurz bevor wir die Haltestelle erreichten, fuhr die Straßenbahn davon, so sehr wir auch riefen und winkten. Die nächste kam zwanzig Minuten später. Sie war ungeheizt und von Schnee verklebt. Wir saßen während der langen Fahrt stumm und steif nebeneinander und klapperten mit den Zähnen. Daheim legte sich meine Mutter ins Bett und blieb zwei Monate liegen. Sie hatte große Schmerzen in den Kniegelenken. Sanitätsrat Zimmermann sprach von einer Schleimbeutelentzündung und verordnete Umschläge mit fast kochendem Wasser.

In diesen Wochen war ich Krankenschwester, verbrühte mir die Hände und panierte sie mit Kartoffelmehl. Ich war Koch und fabrizierte mittags, wenn ich aus der Schule kam, Rühreier, deutsche Beefsteaks, Bratkartoffeln, Reis- und Nudelsuppen mit Rindfleisch, Niere und Wurzelwerk, Linsen mit Würstchen, sogar Rindfleisch mit Senf- und Rosinensauce. Ich war Kellner und servierte meine versalzenen, zerkochten und angebrannten Meisterwerke stolz und ungeschickt auf Mutters Bett. Ich deckte abends Lehrer Schurigs Tisch mit kalter Küche und schnitt mir manchmal heimlich eine Scheibe Wurst ab. Ich holte, für unser eignes Abendbrot, die Mahlzeiten in großen Töpfen aus dem Volkswohl, und wenn mein Vater aus der Kofferfabrik heimkam, wärmten wir das Essen auf. Nach dem Essen wuschen wir das Geschirr ab, und Paul Schurig half beim Abtrocknen. Die Teller und Tassen klapperten und klirrten, daß die Mama im Schlafzimmer zusammenzuckte.

Manchmal wuschen wir sogar die Wäsche und hängten sie auf die Leine, die wir quer durch die Küche gezogen hatten. Dann krochen wir, geduckt wie Indianer auf dem Kriegspfad, unter und zwischen den klatschnassen Taschentüchern, Hemden, Bett- und Handtüchern und Unterhosen umher und probierten alle Viertelstunden, ob die Wäsche endlich trocken sei. Doch sie ließ sich nicht drängen, und wir mußten mit dem Scheuerhader manche Pfütze aufwischen, damit das Linoleum keine Flecken bekam.

Es war eine rechte Junggesellenwirtschaft. Und meine Mutter litt nicht nur wegen ihrer Knie, sondern auch unsertwegen. Sie hatte Angst ums Geschirr. Sie hatte Angst, ich könne verhungern. Und sie hatte Angst, die Kundinnen würden ihr untreu werden und zur Konkurrenz gehen. Diese dritte Sorge war nicht unberechtigt. In der Eschenstraße hatte sich ein Damenfriseur etabliert und machte in den umliegenden Geschäften seine Antrittsbesuche. Da tat Eile not.

Sanitätsrat Zimmermann erklärte, die Patientin sei noch krank. Die Patientin behauptete, sie sei gesund. Und so blieb kein Zweifel, wer von beiden recht behielte. Sie stand auf, biß die Zähne zusammen, hielt sich beim Gehen unauffällig an den Möbeln fest und war gesund. Ich trabte, die frohe Botschaft verkündend, von Geschäft zu Geschäft. Die Konkurrenz war abgeschlagen. Der Haushalt kam wieder ins Lot. Das Leben nahm seinen alten Gang.

Das elfte Kapitel

Ein Kind hat Kummer

Es gibt viele gescheite Leute auf der Welt, und manchmal haben sie recht. Ob sie recht haben, wenn sie behaupten, Kinder sollten unbedingt Geschwister haben, nur weil sie sonst zu allein aufwüchsen, verzärtelt würden und fürs ganze Leben Eigenbrötler blieben, weiß ich nicht. Auch gescheite Leute sollten sich vor Verallgemeinerungen hüten. Zweimal zwei ist immer und überall vier, in Djakarta, auf der Insel Rügen, sogar am Nordpol; und es stimmte auch schon unter Kaiser Barbarossa. Doch bei manchen anderen Behauptungen liegen die Dinge anders. Der Mensch ist kein Rechenexempel. Was auf den kleinen Fritz zutrifft, muß bei dem kleinen Karl nicht stimmen.

Ich blieb das einzige Kind meiner Eltern und war damit völlig einverstanden. Ich wurde nicht verzärtelt und fühlte mich nicht einsam. Ich besaß ja Freunde! Hätte ich einen Bruder mehr lieben können als Kießlings Gustav, und eine Schwester herzlicher als meine Kusine Dora? Freunde kann man sich aussuchen, Geschwister nicht. Freunde wählt man aus freien Stücken, und wenn man spürt, daß man sich ineinander geirrt hat, kann man sich trennen. Solch ein Schnitt tut weh, denn dafür gibt es keine Narkose. Doch die Operation ist möglich, und die Heilung der Wunde im Herzen auch.

Mit Geschwistern ist das anders. Man kann sie sich nicht aussuchen. Sie werden ins Haus geliefert. Sie treffen per Nachnahme ein, und man darf sie nicht zurückschicken. Geschwister sendet das Schicksal nicht auf Probe. Zu unserm Glück können aus Geschwistern Freunde werden. Häufig bleiben sie nur Geschwister. Manchmal werden sie zu Feinden. Das Leben und die Romane erzählen über das Thema schöne und rührende, aber auch traurige und schreckliche Geschichten. Ich habe manche gehört und gelesen. Aber mitreden, das kann ich nicht. Denn ich blieb, wie gesagt, das einzige Kind und war damit einverstanden.

Nur einmal in jedem Jahr hätte ich sehnlich gewünscht, Geschwister zu besitzen: am Heiligabend! Am Ersten Feiertag hätten sie ja gut und gerne wieder fortfliegen können, meinetwegen erst nach dem Gänsebraten mit den rohen Klößen, dem Rotkraut und dem Selleriesalat. Ich hätte sogar auf meine eigene Portion verzichtet und stattdessen Gänseklein gegessen, wenn ich nur am 24. Dezember abends nicht allein gewesen wäre! Die Hälfte der Geschenke hätten sie haben können, und es waren wahrhaftig herrliche Geschenke!

Und warum wollte ich gerade an diesem Abend, am schönsten Abend eines Kinderjahres, nicht allein und nicht das einzige Kind sein? Ich hatte Angst. Ich fürchtete mich vor der Bescherung! Ich hatte Furcht davor und durfte sie nicht zeigen. Es ist kein Wunder, daß ihr das nicht gleich versteht. Ich habe mir lange überlegt, ob ich darüber sprechen solle oder nicht. Ich will darüber sprechen! Also muß ich es euch erklären.

Meine Eltern waren, aus Liebe zu mir, aufeinander eifersüchtig. Sie suchten es zu verbergen, und oft gelang es ihnen. Doch am schönsten Tag im Jahr gelang es ihnen nicht. Sie nahmen sich sonst, meinetwegen, so gut zusammen, wie sie konnten, doch am Heiligabend konnten sie es nicht sehr gut. Es ging über ihre Kraft. Ich wußte das alles und mußte, uns dreien zuliebe, so tun, als wisse ich's nicht.

Wochenlang, halbe Nächte hindurch, hatte mein Vater im Keller gesessen und zum Beispiel einen wundervollen Pferdestall gebaut. Er hatte geschnitzt und genagelt, geleimt und gemalt, Schriften gepinselt, winziges Zaumzeug zugeschnitten und genäht, die Pferdemähnen mit Bändern durchflochten, die Raufen mit Heu gefüllt, und immer noch war ihm, beim Blaken der Petroleumlampe, etwas eingefallen, noch ein Scharnier, noch ein Beschlag, noch ein Haken, noch ein Stallbesen, noch eine Haferkiste, bis er endlich zufrieden schmunzelte und wußte: ›Das macht mir keiner nach!‹

Ein andermal baute er einen Rollwagen mit Bierfässern, Klappleitern, Rädern mit Naben und Eisenbändern, ein solides Fahrzeug mit Radachsen und auswechselbaren Deichseln, je nachdem, ob ich zwei Pferde oder nur eins einspannen wollte, mit Lederkissen fürs Abladen der Fässer, mit Peitschen und Bremsen am Kutschbock, und auch dieses Spielzeug war ein fehlerloses Meisterstück und Kunstwerk!

Es waren Geschenke, bei deren Anblick sogar Prinzen die Hände überm Kopf zusammengeschlagen hätten, aber Prinzen hätte mein Vater sie nicht geschenkt.

Wochenlang, halbe Tage hindurch, hatte meine Mutter die Stadt durchstreift und die Geschäfte durchwühlt. Sie kaufte jedes Jahr Geschenke, bis sich deren Versteck, die Kommode, krummbog. Sie kaufte Rollschuhe, Ankersteinbaukästen, Buntstifte, Farbtuben, Malbücher, Hanteln und Keulen für den Turnverein, einen Faustball für den Hof, Schlittschuhe, musikalische Wunderkreisel, Wanderstiefel, einen Norwegerschlitten, ein Kästchen mit Präzisionszirkeln auf blauem Samt, einen Kaufmannsladen, einen Zauberkasten, Kaleidoskope, Zinnsoldaten, eine kleine Druckerei mit Setzbuchstaben und, von Paul Schurig und den Empfehlungen des Sächsischen Lehrervereins angeleitet, viele, viele gute Kinderbücher. Von Taschentüchern, Strümpfen, Turnhosen, Rodelmützen, Wollhandschuhen, Sweatern, Matrosenblusen, Badehosen, Hemden und ähnlich nützlichen Dingen ganz zu schweigen.

Es war ein Konkurrenzkampf aus Liebe zu mir, und es war ein verbissener Kampf. Es war ein Drama mit drei Personen, und der letzte Akt fand, alljährlich, am Heiligabend statt. Die Hauptrolle spielte ein kleiner Junge. Von seinem Talent aus dem Stegreif hing es ab, ob das Stück eine Komödie oder ein Trauerspiel wurde. Noch heute klopft mir, wenn ich daran denke, das Herz bis in den Hals.

Ich saß in der Küche und wartete, daß man mich in

die Gute Stube riefe, unter den schimmernden Christbaum, zur Bescherung. Meine Geschenke hatte ich parat: für den Papa ein Kistchen mit zehn oder gar fünfundzwanzig Zigarren, für die Mama einen Schal, ein selbstgemaltes Aquarell oder – als ich einmal nur noch fünfundsechzig Pfennige besaß – in einem Karton aus Kühnes Schnittwarengeschäft, hübsch verpackt, die sieben Sachen. Die sieben Sachen? Ein Röllchen weißer und ein Röllchen schwarzer Seide, ein Heft Stecknadeln und ein Heft Nähnadeln, eine Rolle weißen Zwirn, eine Rolle schwarzen Zwirn und ein Dutzend mittelgroßer schwarzer Druckknöpfe, siebenerlei Sachen für fünfundsechzig Pfennige. Das war, fand ich, eine Rekordleistung! Und ich wäre stolz darauf gewesen, wenn ich mich nicht so gefürchtet hätte.

Ich stand also am Küchenfenster und blickte in die Fenster gegenüber. Hier und dort zündete man schon die Kerzen an. Der Schnee auf der Straße glänzte im Laternenlicht. Weihnachtslieder erklangen. Im Ofen prasselte das Feuer, aber ich fror. Es duftete nach Rosinenstollen, Vanillezucker und Zitronat. Doch mir war elend zumute. Gleich würde ich lächeln müssen, statt weinen zu dürfen.

Und dann hörte ich meine Mutter rufen: »Jetzt kannst du kommen!« Ich ergriff die hübsch eingewikkelten Geschenke für die beiden und trat in den Flur. Die Zimmertür stand offen. Der Christbaum strahlte. Vater und Mutter hatten sich links und rechts vom

Tisch postiert, jeder neben seine Gaben, als sei das Zimmer samt dem Fest halbiert. »Oh«, sagte ich, »wie schön!« und meinte beide Hälften. Ich hielt mich noch in der Nähe der Tür, so daß mein Versuch, glücklich zu lächeln, unmißverständlich beiden galt. Der Papa, mit der erloschnen Zigarre im Munde, beschmunzelte den firnisblanken Pferdestall. Die Mama blickte triumphierend auf das Gabengebirge zu ihrer Rechten. Wir lächelten zu dritt und überlächelten unsre dreifache Unruhe. Doch ich konnte nicht an der Tür stehenbleiben!

Zögernd ging ich auf den herrlichen Tisch zu, auf den halbierten Tisch, und mit jedem Schritt wuchsen meine Verantwortung, meine Angst und der Wille, die nächste Viertelstunde zu retten. Ach, wenn ich allein gewesen wäre, allein mit den Geschenken und dem himmlischen Gefühl, doppelt und aus zweifacher Liebe beschenkt zu werden! Wie selig wär ich gewesen und was für ein glückliches Kind! Doch ich mußte meine Rolle spielen, damit das Weihnachtsstück gut ausgehe. Ich war ein Diplomat, erwachsener als meine Eltern, und hatte dafür Sorge zu tragen, daß unsre feierliche Dreierkonferenz unterm Christbaum ohne Mißklang verlief. Ich war, schon mit fünf und sechs Jahren und später erst recht, der Zeremonienmeister des Heiligen Abends und entledigte mich der schweren Aufgabe mit großem Geschick. Und mit zitterndem Herzen.

Ich stand am Tisch und freute mich im Pendelverkehr. Ich freute mich rechts, zur Freude meiner Mutter.

Ich freute mich an der linken Tischhälfte über den Pferdestall im allgemeinen. Dann freute ich mich wieder rechts, diesmal über den Rodelschlitten, und dann wieder links, besonders über das Lederzeug. Und noch einmal rechts, und noch einmal links, und nirgends zu lange, und nirgends zu flüchtig. Ich freute mich ehrlich und mußte meine Freude zerlegen und zerlügen. Ich gab beiden je einen Kuß auf die Backe. Meiner Mutter zuerst. Ich verteilte meine Geschenke und begann mit den Zigarren. So konnte ich, während der Papa das Kistchen mit seinem Taschenmesser öffnete und die Zigarren beschnupperte, bei ihr ein wenig länger stehenbleiben als bei ihm. Sie bewunderte ihr Geschenk, und ich drückte sie heimlich an mich, so heimlich, als sei es eine Sünde. Hatte er es trotzdem bemerkt? Machte es ihn traurig?

Nebenan, bei Grüttners, sangen sie »O du fröhliche, o du selige gnadenbringende Weihnachtszeit!« Mein Vater holte ein Portemonnaie aus der Tasche, das er im Keller zugeschnitten und genäht hatte, hielt es meiner Mutter hin und sagte: »Das hätt ich ja beinahe vergessen!« Sie zeigte auf ihre Tischhälfte, wo für ihn Socken, warme lange Unterhosen und ein Schlips lagen. Manchmal fiel ihnen, erst wenn wir bei Würstchen und Kartoffelsalat saßen, ein, daß sie vergessen hatten, einander ihre Geschenke zu geben. Und meine Mutter meinte: »Das hat ja Zeit bis nach dem Essen.«

Anschließend gingen wir zu Onkel Franz. Es gab Kaffee und Stollen. Dora zeigte mir ihre Geschenke. Tante Lina klagte ein bißchen über ihre Aderbeine.

Der Onkel griff nach einer Havannakiste, hielt sie meinem Vater unter die Nase und sagte: »Da, Emil! Nun rauch mal'ne anständige Zigarre!« Der Papa erklärte, leicht gekränkt: »Ich hab selber welche!« Onkel Franz meinte ärgerlich: »Nun nimm schon eine! Sowas kriegst du nicht alle Tage!« Und mein Vater sagte: »Ich bin so frei.«

Frieda, die Wirtschafterin und treue Seele, schleppte Stollen, Pfefferkuchen, Rheinwein oder, wenn der Winter kalt geraten war, dampfenden Punsch herbei und setzte sich mit an den Tisch. Dora und ich versuchten uns auf dem Klavier an Weihnachtsliedern, der ›Petersburger Schlittenfahrt‹ und dem ›Schlittschuhwalzer‹. Und Onkel Franz begann meine Mutter zu hänseln, indem er aus der Kaninchenhändlerzeit erzählte. Er machte uns vor, wie die Schwester damals ihre Brüder verklatscht hätte. Meine Mutter wehrte sich so gut sie konnte. Aber gegen Onkel Franz und seine Stimme war kein Kraut gewachsen. »Eine alte Klatschbase warst du!« rief er laut, und zu meinem Vater sagte er übermütig: »Emil, deine Frau war schon als Kind zu fein für uns!« Mein Vater blinzelte stillvergnügt über den Brillenrand, trank einen Schluck Wein, wischte sich den Schnurrbart und genoß es von ganzem Herzen, daß meine Mutter endlich einmal nicht das letzte Wort haben sollte. Das war für ihn das schönste Weihnachtsgeschenk! Sie hatte vom Weintrinken rote Bäckchen bekommen. »Ihr wart ganz gemeine, niederträchtige und faule Lausejungen!« rief sie giftig. Onkel Franz freute sich, daß sie sich ärgerte. »Na und, Frau Gräfin?«

gab er zur Antwort. »Aus uns ist trotzdem was geworden!« Und er lachte, daß die Christbaumkugeln schepperten.

Das Quadrat ist kein Kreis, und der Mensch ist kein Engel. Die Quadrate scheinen sich damit abgefunden zu haben, daß sie nicht rund sind. Jedenfalls hat man bis heute nichts Gegenteiliges gehört. Sie sind, läßt sich vermuten, mit ihren vier rechten Winkeln und mit ihren vier gleichlangen Seiten einverstanden. Sie sind die vollkommensten Vierecke, die man sich denken kann. Damit ist ihr Ehrgeiz befriedigt.

Bei den Menschen ist das anders, zumindest bei denen, die über sich hinausstreben. Sie wollen nicht etwa vollkommene Menschen werden, was ein schönes und angemessenes Ziel wäre, sondern Engel. Sie streben, soweit sie das überhaupt tun, nach dem falschen Ideal. Die unvollkommene Frau Lehmann möchte nicht die vollkommene Frau Lehmann werden, sondern eine Art Heiliger Cäcilie. Glücklicherweise erreicht sie das falsche Ziel nicht, sonst hätten Herr Lehmann und die Kinder nichts zu lachen. Mit einer Heiligen, mit einem Engel wäre ihnen nicht gedient. Sondern mit der vollkommenen Frau Lehmann. Doch gerade diese kriegen sie nicht. Denn gerade das will Frau Lehmann nicht werden. So sieht sie zum Schluß aus wie ein schiefes, krummgezogenes Viereck, das ein Kreis werden wollte. Das ist kein schöner Anblick.

Meine Mutter war kein Engel und wollte auch keiner werden. Ihr Ideal war handgreiflicher. Ihr Ziel lag in der Ferne, doch nicht in den Wolken. Es war erreichbar. Und weil sie energisch war wie niemand sonst und sich von niemandem dreinreden ließ, erreichte sie es. Ida Kästner wollte die vollkommene Mutter ihres Jungen werden. Und weil sie das werden wollte, nahm sie auf niemanden Rücksicht, auch auf sich selber nicht, und wurde die vollkommene Mutter. All ihre Liebe und Phantasie, ihren ganzen Fleiß, jede Minute und jeden Gedanken, ihre gesamte Existenz setzte sie, fanatisch wie ein besessener Spieler, auf eine einzige Karte, auf mich. Ihr Einsatz hieß: ihr Leben, mit Haut und Haar!

Die Spielkarte war ich. Deshalb mußte ich gewinnen. Deshalb durfte ich sie nicht enttäuschen. Deshalb wurde ich der beste Schüler und der bravste Sohn. Ich hätte es nicht ertragen, wenn sie ihr großes Spiel verloren hätte. Da sie die vollkommene Mutter sein wollte und war, gab es für mich, die Spielkarte, keinen Zweifel: Ich mußte der vollkommene Sohn werden. Wurde ich's? Jedenfalls versuchte ich es. Ich hatte ihre Talente geerbt: ihre Tatkraft, ihren Ehrgeiz und ihre Intelligenz. Damit war schon etwas anzufangen. Und wenn ich, ihr Kapital und Spieleinsatz, wirklich einmal müde wurde, nur und immer wieder zu gewinnen, half mir, als letzte Reserve, eines weiter: Ich hatte die vollkommene Mutter ja lieb. Ich hatte sie sehr lieb.

Erreichbare Ziele sind besonders deshalb und deshalb besonders anstrengend, weil wir sie erreichen möchten. Sie fordern uns heraus, und wir machen uns, ohne nach links oder rechts zu blicken, auf den Weg. Meine Mutter blickte weder nach links noch nach rechts. Sie liebte mich und niemanden sonst. Sie war gut zu mir, und darin erschöpfte sich ihre Güte. Sie schenkte mir ihren Frohsinn, und für andere blieb nichts übrig. Sie dachte nur an mich, weitere Gedanken hatte sie keine. Ihr Leben galt mit jedem Atemzuge mir, nur mir.

Darum erschien sie allen anderen kalt, streng, hochmütig, selbstherrlich, unduldsam und egoistisch. Sie gab mir alles, was sie war und was sie hatte, und stand vor allen anderen mit leeren Händen da, stolz und aufrecht und doch eine arme Seele. Das erfüllte sie mit Trauer. Das machte sie unglücklich. Das trieb sie manchmal zur Verzweiflung. Ich sage das nicht obenhin und nicht als Redensart. Ich weiß, was ich sage. Ich war ja dabei, wenn sich ihre Augen verdunkelten. Damals, als ich ein kleiner Junge war. Ich fand sie ja, die hastig bekritzelten Zettel, wenn ich aus der Schule kam! Auf dem Küchentisch lagen sie. »Ich kann nicht mehr!« stand darauf. »Sucht mich nicht!« stand darauf. »Leb wohl, mein lieber Junge!« stand darauf. Und die Wohnung war leer und tot.

Dann jagte ich, von wilder Angst gehetzt und gepeitscht, laut weinend und fast blind vor Tränen, durch die Straßen, elbwärts und den steinernen Brücken entgegen. Die Schläfen hämmerten. Der Kopf dröhnte. Das Herz raste. Ich lief in Passanten hinein, sie schimpften, und ich jagte weiter. Ich taumelte vor Atemlosigkeit, schwitzte und fror, fiel hin, rappelte mich hoch, merkte nicht, daß ich blutete, und jagte weiter. Wo konnte sie sein! Würde ich sie finden? Hatte sie sich etwas angetan? War sie gerettet worden? War es noch Zeit, oder war es zu spät? »Mutti, Mutti, Mutti!« stammelte ich in einem fort und rannte um ihr Leben. »Mutti, Mutti, Mutti, Mutti!« Mir fiel nichts weiter ein. Es war bei diesem Wettlauf mit dem Tod mein einziges endloses Gebet.

Ich fand sie fast jedesmal. Und fast jedesmal auf einer der Brücken. Dort stand sie bewegungslos, blickte auf den Strom hinunter und sah aus wie eine Wachsfigur. »Mutti, Mutti, Mutti!« Nun schrie ich es laut und immer lauter. Mit letzter Kraft schleppte ich mich zu ihr hin. Ich packte sie, zerrte an ihr, umarmte sie, schrie und weinte und schüttelte sie, als sei sie eine große bleiche Puppe, – und dann erwachte sie wie aus einem Schlaf mit offnen Augen. Jetzt erst erkannte sie mich. Jetzt erst merkte sie, wo wir waren. Jetzt erst erschrak sie. Jetzt erst konnte sie weinen und mich fest an sich drücken und mühsam und heiser sagen: »Komm, mein Junge, bring mich nach Hause!« Und nach den ersten zaghaften Schritten flüsterte sie: »Es ist schon wieder gut.«

Manchmal fand ich sie nicht. Dann irrte ich ratlos von einer Brücke zur andern, lief heim, um nachzusehen, ob sie inzwischen zurückgekommen sei, rannte wieder zum Fluß, die Brückentreppen hinunter, das Neustädter Ufer entlang, schluchzte und bebte vor Angst, ich könne Boote entdecken, von denen aus man mit langen Stangen nach jemandem fischte, der von der Brücke gesprungen war. Dann schleppte ich mich wieder nach Hause und warf mich, von Hoffnung und Verzweiflung geschüttelt, über ihr Bett. Halb ohnmächtig vor Erschöpfung schlief ich ein. Und wenn ich erwachte, saß sie neben mir und drückte mich fest an sich. »Wo bist du gewesen?« fragte ich, glücklich und ratlos. Sie wußte es nicht. Sie schüttelte über sich selber den Kopf. Dann versuchte sie zu lächeln und flüsterte, auch diesmal: »Es ist schon wieder gut.«

Eines Nachmittags ging ich, statt zu spielen, heimlich zu Sanitätsrat Zimmermann in die Sprechstunde und schüttete ihm mein Herz aus. Er drehte seinen Knebelbart zwischen den nikotinbraunen Fingern, betrachtete mich freundlich und sagte: »Deine Mutter arbeitet zuviel. Ihre Nerven sind nicht gesund. Es sind Krisen, schwer und kurz wie Gewitter im Sommer. Sie müssen sein, damit sich die Natur wieder einrenkt. Hinterher ist die Luft doppelt frisch und rein.« Ich sah ihn zweifelnd an. »Auch die Menschen«, meinte er, »gehören zur Natur.« »Aber nicht alle Menschen wollen von Brücken springen«, wandte ich ein. »Nein«, sagte er, »glücklicherweise nicht.«

Er fuhr mir übers Haar. »Deine Mutter müßte ein paar Monate ausspannen. Irgendwo in der Nähe. In Tharandt, in Weixdorf, in Langebrück. Du könntest mittags von der Schule aus hinausfahren und bis zum

Abend bei ihr bleiben. Schularbeiten kann man auch in Weixdorf machen.« »Sie wird es nicht tun«, erwiderte ich, »wegen der Kundschaft. Ein paar Monate, das ist zu lange.« »Weniger wäre zu wenig«, gab er zur Antwort, »aber du hast recht: Sie wird es nicht tun.« Ich sagte schuldbewußt: »Sie wird es meinetwegen nicht tun. Sie plagt sich meinetwegen ab. Meinetwegen braucht sie das Geld.« Während er mich zur Tür brachte, klopfte er mir auf die Schulter. »Mach dir keine Vorwürfe! Wenn sie dich nicht hätte, wär es viel schlimmer.«

»Sie erzählen ihr nicht, daß ich hier war?« »Na erlaube mal! Natürlich nicht!« »Und Sie glauben nicht, daß sie wirklich von der Brücke ... vielleicht ... eines Tages ...?« »Nein«, sagte er, »das glaub ich nicht. Auch wenn sie alles um sich her vergißt, wird ihr Herz an dich denken.« Er lächelte. »Du bist ihr Schutzengel.«

An diese letzten Sätze dachte ich oft im Leben. Sie haben mich zugleich getröstet und bedrückt. Ich erinnerte mich ihrer auch noch, als ich ein Mann von etwa fünfzig Jahren war und meine Mutter im Sanatorium besuchte. Es war viel geschehen. Dresden lag in Trümmern. Die Eltern hatten es überlebt. Wir waren lange getrennt gewesen. Die Post und die Eisenbahn hatten lange Zeit lahmgelegen. Nun endlich sahen wir einander wieder. In einem Sanatorium. Denn meine Mutter litt, fast achtzigjährig und erschöpft von einem Leben, das Mühe und Arbeit gewesen war, am Dahinschwinden ihres Gedächtnisses und bedurfte der Aufsicht und Pflege.

Sie hielt ein Taschentuch auf den Knien, breitete es

auseinander und faltete es zusammen, in einem fort und ruhelos, schaute mich verwirrt lächelnd an, schien mich zu erkennen, nickte mir zu und fragte mich dann: »Wo ist denn der Erich?« Sie fragte mich nach ihrem Sohn! Und mir krampfte sich das Herz zusammen. Wie damals, wenn sie geistesabwesend auf einer der Brücken stand.

»Auch wenn sie alles um sich her vergißt«, hatte Sanitätsrat Zimmermann gesagt, »wird ihr Herz an dich denken.« Jetzt hatten ihre Augen sogar mich vergessen, ihr einziges Ziel und Glück! Doch nur die Augen. Ihr Herz nicht.

Onkel Franz wird Millionär

Das vorige Kapitel klang nicht sehr heiter. Ein Kind hatte Kummer, und das Kind war ich selber. Hätte ich's euch nicht erzählen sollen? Das wäre falsch gewesen. Kummer gibt es, glaub ich, wie es Hagelschlag und Waldbrände gibt. Man kann sich eine glücklichere Welt als die unsrige ausmalen. Eine Welt, worin keiner hungert und niemand in den Krieg muß. Doch auch dann bliebe noch Kummer genug zurück, der sich durch vernünftigere Regierungen und beherztere Maßnahmen nicht ausrotten ließe. Und wer diesen Kummer verschwiege, wäre ein Lügner.

Durch rosarote Brillen sieht die Welt rosarot aus. Das mag ein hübscher Anblick sein, aber es handelt sich um eine optische Täuschung. Es liegt an der Brille und nicht an der Welt. Wer beides miteinander verwechselt, wird sich wundern, wenn ihm das Leben die Brille von der Nase nimmt.

Es gibt auch Optiker – ich meine eigentlich Dichter und Philosophen –, die den Leuten Brillen mit schwarzen Gläsern verkaufen, und schon ist die Erde ein Jammertal und ein hoffnungslos verfinsterter Stern. Wer uns dunkle Brillen empfiehlt, damit uns die Sonne nicht zu sehr in die Augen sticht, ist ein braver Kaufmann. Wer sie uns aufsetzt, damit wir glauben sollen, die Sonne scheine nicht, ist ein Gauner.

Das Leben ist nicht nur rosafarben und nicht nur schwarz, sondern bunt. Es gibt gute Menschen und böse Menschen, und die guten sind mitunter böse und die bösen manchmal gut. Wir können lachen und weinen, und zuweilen weinen wir, als könnten wir nie wieder lachen, oder wir lachen so herzlich, als hätten wir nie vorher geweint. Wir haben Glück und haben Unglück, und Glück im Unglück gibt es auch. Wer es besser weiß, ist ein Besserwisser. Wer sich hinstellt und behauptet, zweimal zwei sei fünf, steht einzig da, doch das ist auch alles. Er kann sich mit seiner Originalität einpacken lassen. Alte Wahrheiten sind und klingen nicht originell, doch es sind und bleiben Wahrheiten, und das ist die Hauptsache.

Ich hatte geweint, als könne ich nie wieder lachen. Und ich konnte wieder lachen, als hätte ich nie geweint. »Es ist schon wieder gut«, hatte meine Mutter gesagt, und so war es wieder gut. Fast wieder gut.

Die Hechtstraße war eine schmale, graue und übervölkerte Straße. Hier hatten, weil die Läden billig waren, Onkel Franz und Onkel Paul als junge Fleischermeister begonnen, ihr Leben zu meistern. Und obwohl die beiden einfenstrigen Geschäfte, nur durch die Fahrstraße getrennt, einander gegenüberlagen und die zwei Inhaber gleicherweise Augustin hießen, geriet man sich nicht in die Haare. Beide Brüder waren geschickt, fleißig, munter und beliebt, ihre Jacken und Schürzen blütenweiß und ihre Wurst, ihr Fleischsalat und ihre Sülze vorzüglich. Tante Lina und Tante Marie standen von früh bis spät hinter ihren Ladentischen, und manchmal winkten sie einander, über die Straße hinweg, fröhlich zu.

Tante Marie hatte vier Kinder, darunter den von Geburt an blinden Hans. Er war immer fidel, aß und lachte gern und kam, als Tante Marie, seine Mutter, starb, in die Blindenanstalt. Dort wurde er im Korbflechten und als Klavierstimmer ausgebildet und, noch sehr jung, von Onkel Paul mit einem armen Mädchen verheiratet, damit er jemanden hatte, der sich um ihn kümmere. Denn der Vater selber hatte für den Sohn mit den blinden, pupillenlosen Augen keine Zeit.

Die drei ehemaligen Kaninchenhändler – auch der älteste, der Robert Augustin in Döbeln – waren robuste Leute. Sie dachten nicht an sich, und an andre dachten sie schon gar nicht. Sie dachten nur ans Geschäft. Wenn der Tag achtundvierzig Stunden gehabt hätte, hätten sie vielleicht mit sich reden lassen. Dann wäre womöglich ein bißchen Zeit für Nebensachen und Kleinigkeiten übriggeblieben, wie für ihre Frauen, Kinder, Brüder und Schwestern oder für ihre eigene Gesundheit.

Doch der Tag hatte nur vierundzwanzig Stunden, und so waren sie rücksichtslos. Sogar gegen ihren Vater. Er litt an Asthma, besaß kein Geld und wußte, daß er bald sterben würde. Doch er war zu stolz, um seine drei ältesten Söhne um Hilfe zu bitten. Er entsann sich wohl auch des Sprichworts, ein Vater könne leichter zwölf Kinder ernähren als zwölf Kinder einen Vater.

Die Döbelner Schwestern, arm wie die Kirchenmäuse, schrieben meiner Mutter, wie schlimm es um meinen Großvater stehe. Meine Mutter lief in die Hechtstraße und beschwor ihren Bruder Franz, etwas zu tun. Er versprach es ihr und hielt sein Wort. Er schickte ein paar Mark per Postanweisung und eine Ansichtskarte mit herzlichen Grüßen und besten Wünschen für die väterliche Gesundheit. Das heißt: Er schrieb die Karte nicht etwa selbst! Das erledigte seine Frau. Der Sohn hatte für den Gruß an den Vater keine Zeit. Zum Begräbnis des alten Mannes, kurz darauf, reiste er allerdings persönlich. Da ließ er sich nicht lumpen.

Denn Hochzeiten und Silberhochzeiten in der Familie, vor allem aber Begräbnisse, bildeten eine Ausnahme. Dafür fand man Zeit. Auf den Friedhöfen, an den Särgen, da traf man sich. Mit Gehrock und Zylinder. Mit Taschentüchern zum Tränenwischen. Die Augen und die Nasenspitzen wurden rot. Und die Tränen waren sogar echt!

Auch noch beim Leichenschmaus saß man zusammen. Während des Mittagessens ging es angemessen traurig zu. Beim Kaffee und Kuchen wurde gelacht. Und beim Kognak zogen die Kaninchenhändler a. D. heimlich die goldenen Taschenuhren aus der schwarzen Weste. Sie hatten es wieder eilig. »Adieu!« »Laßt euch mal wieder blicken!« »Schade, es ist gerade so gemütlich!«

Nur bei ihrem eignen Begräbnis blieben sie länger.

Franz Augustin und Paul Augustin residierten in der Hechtstraße auch noch, nachdem sie ihre Fleischerläden mit Gewinn verkauft hatten und endgültig Pferdehändler geworden waren. In den Hinterhöfen war für Pferdeställe Platz genug, für Onkel Paul schon gar, weil er nur Warm- und Vollblüter kaufte und verkaufte, nur Kutsch- und Reitpferde, nur das Feinste vom Feinen. Schon nach wenigen Jahren durfte er sich ›Königlicher Hoflieferant‹ nennen. Er ließ den Titel auf das Firmenschild überm Haustor malen und war nun etwas ähnlich Nobles wie der Hofjuwelier. Dieser handelte nur mit den schönsten Brillanten und Perlen, und Onkel Paul bot nur die edelsten Pferde an. Dafür genügten ihm zehn Ställe. Manchmal kam der König selber! Stellt euch das vor! In die schmale, mickrige Hechtstraße! Mit den Prinzen und dem Hofmarschall und dem Leibjäger! Zu meinem Onkel Paul!

Trotzdem trieb ich mich tausendmal lieber und hundertmal häufiger im Hof und in den Stallungen auf der anderen Straßenseite herum. Onkel Franz war zwar saugrob, und zum Hoflieferanten hätte er bestimmt kein Talent gehabt. Wer weiß, was er Friedrich August III. von Sachsen alles gesagt und wie mächtig er ihm auf die Schulter geklopft hätte! Mindestens der Hofmarschall und der Adjutant à la suite wären in Ohnmacht gefallen. Aber der saugrobe Onkel Franz gefiel mir besser als der hochnoble Onkel Paul, den die Geschwister aus Jux »Herr Baron« nannten. Und zwischen seinen Knechten und Pferden fühlte ich mich wie zu Hause.

In den braunen Holzställen, die sich an den Längs-
seiten des schmalen Hofs hinzogen, war für etwa dreißig Pferde Raum, für die Dänen und Ostpreußen, für
die Oldenburger und Holsteiner und für die flämischen
Kaltblüter, die gewaltigen Brabanter mit den breiten
Kruppen und ihren hellen Riesenmähnen. Zentner-
weise schleppten die Knechte Heu, Hafer und Häcksel
heran und hektoliterweise, Eimer für Eimer, frisches
Wasser. Die Gäule futterten und soffen, daß man nur
staunen konnte. Sie stampften mit den klobigen Hufen,
peitschten mit den Schweifen die Fliegenschwärme
vom Rücken und wieherten einander, von Stall zu
Stall, herzliche Grüße zu. Wenn ich nähertrat, wandten
sie den Kopf und schauten mich, fremd und geduldig,
aus ihren unerforschlichen Augen an. Manchmal nickten sie dann, und manchmal schüttelten sie die riesigen
Häupter. Aber ich wußte nicht, was sie meinten. Rasmus, der hagere Großknecht aus Dänemark, der kein S
sprechen konnte, ging prüfend von Stall zu Stall. Und
Onkel Bruno hinkte neben dem dicken Tierarzt ge-
schäftig übers Kopfsteinpflaster. Der dicke Tierarzt kam
oft.

Pferde haben ähnliche Krankheiten wie wir. Manche, wie Influenza und Darmkolik, haben den gleichen
Namen, andre heißen Druse, Mauke, Rotz und Spat,
und alle miteinander sind sehr gefährlich. Wir sterben
nicht an Husten, Schnupfen, Halsschmerzen, Mumps
oder Bauchgrimmen. Bei den Pferden, diesen vor-
geschichtlichen Vegetariern, ist das gar nicht so sicher.
Sie fressen zu nasses Heu, und schon blähen sich ihre

Bäuche wie Ballons, schon wühlen Schmerzen wie Messer im Leib, schon können sich die Därme verschlingen, und der Tod klopft an die Stalltür. Sie sind erhitzt und saufen zu kaltes Wasser, und bald beginnen sie zu husten, die Drüsen schwellen, die Nüstern triefen, das Fieber steigt, die Bronchien rasseln, die Augen werden stumpf, und schon wieder hebt der Tod den Knöchel. Manchmal kam der dicke Tierarzt beizeiten. Manchmal kam er zu spät. Dann rumpelte der Wagen des Abdeckers in den Hof und holte den Kadaver fort. Die Haut, die Hufe und das Roßhaar waren noch zu gebrauchen.

Das Ärgste an solch einem Pferdetod war der Geldverlust. Im übrigen hielt sich der Schmerz in Grenzen, und das war kein Wunder. Die Pferde gehörten ja nicht zur Familie. Eher glichen sie vierbeinigen Hotelgästen, die, ein paar Tage und mit voller Verpflegung, in Dresden übernachteten. Dann ging die Reise weiter, auf ein Rittergut, zu einer Brauerei, in eine Kaserne, je nachdem. Oder, mitunter, zur Abdeckerei. Hoteliers weinen nicht, wenn ein Gast stirbt. Man trägt ihn heimlich über die Hintertreppe.

Die ungemütliche, kleinbürgerlich möblierte Wohnung lag über dem Fleischerladen, worin längst ein anderer Meister Koteletts hackte und mit der Breitseite des Beils flachklopfte. In der Wohnung regierte Frieda, das schmale Mädchen aus dem Erzgebirge, das stille und energische Dienstmädchen. Frieda kochte, wusch, putzte und vertrat an meiner Kusine Dora Mutterstelle.

Denn die Mutter selber, Tante Lina, hatte keine Zeit für ihr Kind.

Sie war, ohne jede kaufmännische Vorbildung, Geschäftsführerin geworden und saß von früh bis spät im Büro. Mit Schecks, Lieferantenrechnungen, Steuern, Löhnen, Wechselprolongationen, Krankenkassenbeiträgen, Bankkonten und ähnlichen Kleinigkeiten gab sich Onkel Franz nicht ab. Er hatte gesagt: »Das erledigst du!«, und so erledigte sie es. Hätte er gesagt: »Spring heute abend um sechs von der Kreuzkirche!«, wäre sie gesprungen. Womöglich hätte sie, droben auf dem Turm, einen Zettel hinterlassen. »Lieber Franz! Entschuldige, daß ich acht Minuten zu spät springe, aber der Bücherrevisor hielt mich auf. Deine Dich liebende Gattin Lina.« Glücklicherweise kam er nicht auf die Idee, sie springen zu lassen. Sonst hätte er ja seine Prokuristin verloren! Das wäre dumm von ihm gewesen, und dumm war er nicht, mein Onkel Franz.

Das Büro, es hieß noch Comptoir, befand sich am Ende des Hofs, zwischen den Stallzeilen, im Erdgeschoß eines kleinen Hintergebäudes. Hier diente und herrschte Tante Lina. Hier am Schreibtisch handelte sie mit Lieferanten. Hier holten die Knechte ihren Wochenlohn. Hier stellte sie Schecks aus. Hier führte sie Buch. Hier prüfte der Revisor ihre Eintragungen. An der Rückwand stand der Panzerschrank, und nur die Tante hatte die Schlüssel dazu. Schlüsselbund und Geldtasche baumelten an ihrer Schürze. Den Bleistift steckte sie schräg in die Frisur. Sie war resolut und ließ sich nichts vormachen. Ein einziger Mensch auf der

Welt verursachte ihr Herzklopfen, der ›Herr‹. So nannte sie ihn, wenn er nicht dabei war. War er im Zimmer oder am Telefon, sagte sie »Franz« zu ihm. »Ja, Franz.« »Natürlich, Franz.« »Gewiß, Franz.« »Selbstverständlich, Franz.« Dann klang ihre sonst recht energische Stimme wie die eines Schulmädchens.

Wenn er sie brauchte, brüllte er, wo er ging oder stand, nur das Wort »Frau!« Und schon rief sie »Ja, Franz?« und rannte, als gelte es ihr Leben. Dann brauchte er nur noch zu sagen: »Heute nacht fahr ich mit Rasmus nach Flensburg zum Markt. Gib mir zwanzigtausend Mark mit! In Hundertmarkscheinen!« Noch im Weglaufen band sie die Schürze ab. Und eine Stunde später war sie von der Bank zurück. Mit zweihundert Hundertmarkscheinen. Später, als sie in der ›Villa‹ wohnten, rannte ich statt ihrer. Doch meine Bankbotenzeit gehört noch nicht hierher.

Wenn Onkel Franz von den Märkten und Auktionen zurückkam, wenn die Pferde an der Rampe des Neustädter Güterbahnhofs ausgeladen und von den unterwegs gemieteten Knechten den Dammweg entlang und über den Bischofsplatz in die Hechtstraße geführt worden waren, begann des Onkels große Zeit. Erst mußten sich die Gäule herausfuttern, denn die Reise in den Güterwagen und der Klimawechsel hatten die lebende Ware strapaziert.

Doch schon ein paar Tage später drängten sich die Kunden im Hof wie auf einem Jahrmarkt. Lauter imposante Leute mit beträchtlichem Pferdeverstand und dicken Brieftaschen. Offiziere mit ihren Wachtmeistern, Rittergutsbesitzer, Großbauern, Brauereidirektoren, Spediteure, Herren von der Städtischen Müllabfuhr und der Pfundschen Molkerei, – man hatte den Eindruck, hier würden keine Pferde, sondern dicke Männer verkauft! Onkel Bruno hinkte, mit einer Kiste Zigarren, von einem zum andern und bot Havannas an. In den Fenstern der umliegenden Hinterhäuser lehnten neugierige Frauen und Kinder, genossen das Schauspiel und warteten auf den Hauptdarsteller, auf Franz Augustin, den Herrn der Pferde. Und wenn er dann auftrat, wenn er lächelnd durch die Toreinfahrt kam, die Zigarre im Mund, den dicken Stock aus Bambus schwingend, die braune Melone flott und etwas schief auf dem Kopf, wußten auch die, die ihn noch nie gesehen hatten, sofort: ›Das ist er! Der wird mich hineinlegen, und ich werde mir noch einbilden, er hätte mir den Fuchswallach geschenkt!‹ Gegen diesen Mann, gegen soviel selbstgewisse Kraft und heitere Selbstverständlichkeit war kein Kraut gewachsen. Wo er sich, nach einigem Händeschütteln und Schulterklopfen, gelassen und vierschrötig aufpflanzte, dort war die Mitte, und alles hörte auf sein Kommando: die Knechte, die Pferde und die Kunden!

Die Tiere wurden, eines nach dem andern, in allen Gangarten gemustert. Die Knechte hatten die Pferde kurz am Halfter und rannten mit ihnen, hin und her und wieder hin und her, über den Hof. Besonders eigenwillige Gäule wurden von Rasmus vorgeführt. An seiner Hand trabten auch die hartmäuligsten Krippensetzer fromm wie die Lämmer. Manchmal knallte Onkel Franz mit der Peitsche. Meistens wedelte er nur mit seinem großen weißen Taschentuch. Er konnte das wie ein Varietékünstler. Das Taschentuch knatterte wie eine Fahne im Wind und brachte die faulsten Rösser in Fahrt.

War ein Pferd gemustert worden, traten die Interessenten näher und begutachteten das Gebiß und die Fesseln. Der Onkel nannte den Preis und ließ nicht lange mit sich handeln. Dann wurde der Kauf durch Handschlag besiegelt, daß es nur so klatschte. Mir taten vom bloßen Zuhören die Handflächen weh. Tante Lina zog den Bleistift aus der Frisur und notierte den Käufer. Es war kaum nötig, denn der Handschlag galt wie ein Eid. Wer eine solche Abrede nicht eingehalten hätte, wäre als Geschäftsmann erledigt gewesen. Das konnte sich keiner leisten.

Manchmal hatte der Onkel so viele Pferde mitgebracht, daß er über die Hälfte in fremden Ställen unterbringen mußte: bei seinem Bruder Paul und bei seinem Freunde, dem Kommissionsrat Gäbler. Dann dauerte die Musterung tagelang, und in der Kneipe im Vorderhaus ging es hoch her. Den Zigarrenqualm hätte man nicht einmal mit der Gartenschere zerschneiden können. Der Lärm und das wilde Gelächter quollen bis auf die Straße. Onkel Franz trank wie ein Bürstenbinder und behielt einen klaren Kopf. Onkel Bruno war schon nach dem vierten Schnaps blau wie ein Veilchen. Und Tante Lina trank gar nichts, sondern kassierte, still und beharrlich, Hundert-, Fünfhundert- und Tausendmarkscheine. Die dicken Brieftaschen ringsum magerten zusehends ab. Die Tante schrieb Quittungen, steckte den Kopierstift wieder in die Frisur und brachte die Geldbündel in den Panzerschrank. Ins Comptoir hinten im Hof.

»Der Franz Augustin«, sagten die Leute, »verdient sich noch dumm und dämlich!« Dumm und dämlich? Da kannten sie ihn schlecht. Aber sie meinten es wohl auch nicht ganz wörtlich. Insgeheim waren sie sogar recht stolz auf ihn. Hier bewies einer der Welt, daß man es auch in der Hechtstraße zum Millionär bringen konnte! Das rechneten sie ihm hoch an. Sein Erfolg war ihr Märchen. Und sie dichteten es weiter. »Wer so reich geworden ist«, sagten sie, »der muß seinen Reichtum zeigen! Er braucht einen Palast. Er muß aus der Hechtstraße fort, das ist er der Hechtstraße schuldig.« »So ein Quatsch!« knurrte Onkel Franz. »Mir genügt unsre Wohnung über dem Fleischerladen. Ich bin ja sowieso fast nie zu Hause.« Doch das Hechtviertel war stärker als er. Und schließlich gab er nach.

Er kaufte das Haus Antonstraße 1. ›Haus‹ ist nicht ganz das richtige Wort. Es handelte sich um eine zweistöckige, geräumige Villa mit einem schattigen Garten, der fast ein Park war und mit der Schmalseite an den Albertplatz grenzte. An den Albertplatz, der zu meinem Schulweg gehörte. An diesen geschäftigen und trotzdem feierlichen Platz mit dem Theater und seinen zwei großen Springbrunnen, die ›Stilles Wasser‹ und ›Stürmische Wogen‹ hießen.

Zu der großen Villa und dem kleinen Park gehörten,

außer den hohen, alten Bäumen, ein Treibhaus, zwei Pavillons und ein Seitengebäude mit einem Pferdestall, einer Wagenremise und einer Kutscherwohnung. In die Kutscherwohnung zog Frieda, die Perle, und wurde zur Wirtschafterin ernannt. Sie erhielt ein Dienstmädchen und einen Gärtner als Hilfe und übernahm die Regierung. Sie beherrschte, vom ersten Tag an, ihre neuen Pflichten, als sei sie in zweistöckigen Villen aufgewachsen. Tante Lina tat sich schwerer. Sie wollte keine Gnädige Frau werden, und sie wurde keine. Sie und Frieda stammten aus dem Erzgebirge, und ihre Väter waren im gleichen Steinkohlenbergwerk Häuer gewesen.

Die Villa am Albertplatz

Von der Königsbrücker Straße 48 bis zur Antonstraße 1 war es ein Katzensprung. Und da sich Tante Lina in ihrer Villa recht fremd fühlte, war sie froh, wenn wir sie besuchten. Bei schönem Wetter kam ich schon nachmittags. Der Onkel saß in irgendeinem Schnellzug. Die Tante schrieb hinter ihrem Schreibtisch in der Hechtstraße Rechnungen und Quittungen. Dora, die Kusine, war bei einer Schulfreundin eingeladen. Und so gehörten Haus und Garten mir.

Am liebsten hockte ich dann auf der Gartenmauer und schaute dem Leben und Treiben auf dem Albertplatze zu. Die Straßenbahnen, die nach der Altstadt, nach dem Weißen Hirsch, nach dem Neustädter Bahnhof und nach Klotzsche und Hellerau fuhren, hielten dicht vor meinen Augen, als täten sie's mir zuliebe. Hunderte von Menschen stiegen ein und aus und um, damit ich etwas zu sehen hätte. Lastwagen, Kutschen, Autos und Fußgänger taten für mich, was sie konnten. Die zwei Springbrunnen zeigten ihre Wasserkünste. Die Feuerwehr ratterte, mit ihrem Hornsignal und glockenläutend, vorbei. Schwitzende Grenadiere kehrten, singend und im Gleichschritt, von einer Übung in die Kaserne zurück. Eine königliche Equipage rollte vornehm übers Pflaster. Eisverkäufer in weißer Uniform verkauften an der Ecke Waffeln für fünf und für zehn Pfennige. Ein Bierwagen verlor ein Hektoliterfaß, und die Neugierigen kamen gelaufen. Der Albertplatz war die Bühne. Ich saß, zwischen Jasmin und Bäumen, in der Loge und konnte mich nicht sattsehen.

Irgendwann tippte mir Frieda auf die Schulter und sagte: »Ich hab dir Kaffee hingestellt!« Dann setzte ich mich in die schattige, luftige, gußeiserne Laube und vesperte wie ein Prinz. Anschließend kontrollierte ich die Johannisbeeren und die Sauerkirschen oder schlug, im Herbst, mit einer langen Wäschestange Nüsse vom Nußbaum. Oder ich holte für Frieda rasch etwas aus dem Grünkramladen gegenüber. Dill, Würfelzucker, Zwiebeln, Schnittlauch, Pumpernickel, je nachdem. Neben dem Laden stand, in einem Garten halbverborgen, ein kleines Haus, und an dem Gartentor war ein Schild angebracht. ›Hier lebte und starb Gustav Nieritz.‹ Er war Lehrer und Schulinspektor gewesen, hatte viele, viele Kinderbücher geschrieben, und ich hatte sie alle gelesen. Im Jahre 1876 war er in dem kleinen Haus in der Antonstraße gestorben, nicht weniger berühmt als sein Dresdner Zeitgenosse Ludwig Richter, der Zeichner und Maler. Den Ludwig Richter liebt und bewundert man heute noch. Den Gustav Nieritz kennt niemand mehr. Die Zeit wählt aus, was bleiben und dauern soll. Und meistens hat sie recht, die Zeit.

Auch abends spazierten wir oft in die ›Villa‹. Vor allem, wenn Onkel Franz verreist war. Dann kam sich Tante

Lina, trotz der Dora, so verlassen vor, daß sie selig war, wenn wir ihnen beim Abendbrot im Wohnzimmer Gesellschaft leisteten. Frieda beherrschte die Kunst, belegte Brote herzustellen, in souveräner Manier, und wir hätten sie tief gekränkt, wenn auch nur eine Brotscheibe mit Landleberwurst oder rohem Schinken übriggeblieben wäre. Da keiner sie verletzen wollte, taten wir unser möglichstes.

Es waren gemütliche Abende. Überm Sofa hing die genaue Kopie eines Bildes aus der Gemäldegalerie. Es zeigte einen alten Fuhrmann, der neben seinem Pferde steht und eben die Kumtlampe angezündet hat. Der Herr Kunstmaler Hofmann aus Trachau, der eigentlich Impressionist war, hatte, um Geld zu verdienen, das Bild im Zwinger kopiert, und Tante Lina hatte es Onkel Franz zum Einzug geschenkt. »Ein Bild?« hatte der Onkel naserümpfend bemerkt. »Na meinetwegen, es ist ja ein Pferd drauf!«

Ungemütlicher verliefen die Abende, wenn der Onkel nicht auf Reisen war. Nicht etwa, daß er daheim gewesen wäre, behüte! Er saß in Kneipen und Weinlokalen, trank mit anderen Männern über den Durst, scharmutzierte mit den Kellnerinnen und verkaufte Pferde. Aber – er hätte ja, wider alles Erwarten, plötzlich ins Haus treten können! Denn nichts auf der Welt ist unmöglich! Deshalb mußten wir in die Küche.

Es war eine schöne und geräumige Küche. Warum also nicht? Bei uns zu Hause hielten wir es ja auch nicht anders. Und Friedas belegte Brote waren und schmeckten genauso gut wie im Wohnzimmer. Und trotzdem stimmte die Sache nicht. Da hockten wir nun, von Tante Linas Angst angesteckt, alle miteinander am Küchentisch, das ganze große Haus war leer, und die Tante sah aus, als sei sie bei sich selber zu Besuch. Da saßen und aßen wir nun und legten dabei die Ohren an wie die Kaninchen. Würde er kommen oder nicht? Es war ungewiß. Es war unwahrscheinlich. Doch manchmal kam er.

Zunächst hörten wir, wie jemand das Gartentor heftig zuschlug, und Frieda sagte: »Der Herr kommt.« Anschließend sprang die Haustür auf, daß die bunten, bleigefaßten Glasscheiben klirrten, und die Tante rief, von Furcht und Freude übermannt: »Der Herr kommt!« Dann brüllte im Korridor ein Löwe das Wort »Frau!« Und mit dem Rufe »Ja, Franz!« stürzte die Tante, von Frieda und Dora umgeben, aus der Küche ins Treppenhaus, wo ihnen der Herr der Pferde, bereits ungeduldig, Hut und Spazierstock entgegenstreckte. Sie rissen ihm die Utensilien beflissen aus den Händen, halfen ihm zu dritt aus dem Mantel, verstauten Stock und Hut und Mantel an der Garderobe und rannten, ihn überholend, durch den Korridor, um die Wohnzimmertür zu öffnen und das Licht anzuknipsen.

Er setzte sich ächzend aufs Sofa und streckte ein Bein von sich. Tante Lina kniete vor ihm nieder und zog ihm den Schuh aus. Frieda kniete neben ihr und angelte die Pantoffeln unterm Sofa hervor. Während ihm die Tante den zweiten Schuh auszog und Frieda den ersten Pantoffel über den Fuß schob, knurrte er das Wort »Zigarre!« Dora rannte ins Arbeitszimmer, kehrte eilends mit Zigarrenkiste und Streichhölzern zurück, klappte die Kiste auf, stellte sie, nachdem er eine Zigarre gegriffen hatte, auf den Tisch und hielt ein Streichholz parat. Nachdem er die Zigarrenspitze abgebissen und auf den Teppich gespuckt hatte, gab sie ihm Feuer.

Die drei umstanden und umknieten ihn wie die Sklavinnen ihren Großmogul, hingen an seinen Lippen und warteten auf weitere Befehle. Fürs erste sagte er nichts, und so standen und knieten sie eifrig weiter. Er paffte seine Zigarre, strich sich den blonden Schnurrbart, worin schon graue Haare schimmerten, und sah aus wie ein Räuber, wenn er satt ist. Dann fragte er: »War was los?« Tante Lina erstattete Bericht. Er brummte. »Wollen Sie was essen?« fragte Frieda. »Hab ich schon«, knurrte er. »Mit Gäbler in der ›Traube‹.« »Ein Glas Wein?« fragte die Tochter. »Meinetwegen«, sagte er gnädig, »aber rasch! Ich muß noch einmal weg.« Und schon sprangen sie auf und davon, zur Kredenz und in den Keller.

Wir saßen mittlerweile in der Küche und waren leise. Meine Mutter lächelte ironisch, mein Vater ärgerte sich, und ich aß von Zeit zu Zeit ein belegtes Brot. Was sich in der Wohnstube abspielte, wußten wir auswendig. Es mußte sich nur noch herausstellen, welchen der drei möglichen Schlüsse die Komödie gerade heute haben würde.

Entweder ging Onkel Franz wirklich wieder fort, die drei Sklavinnen kamen in die Küche zurück, womöglich mit der angebrochenen Flasche Wein, und wir blieben noch ein Stündchen. Oder der Onkel blieb daheim. In diesem zweiten Fall erschien Frieda allein auf dem Plan und entließ uns, leicht verlegen, durch die Hintertür. Wir schlichen über den Kiesweg, als seien wir Einbrecher, und zuckten zusammen, wenn das Gartentor quietschte. Am dramatischsten war der dritte Komödienschluß, und auch er ereignete sich gar nicht selten.

Es konnte nämlich geschehen, daß der Onkel die Tante mißtrauisch und von der Seite ansah und betont gleichgültig fragte: »Ist sonst noch jemand im Hause?« Dann wurde Tante Linas Nase blaß und spitz. Das Schweigen, das darauf folgte, war auch eine Antwort, und er fragte weiter: »Wer? Heraus mit der Sprache!« »Ach«, sagte sie, bläßlich lächelnd, »es sind nur Kästners.« »Wo sind sie denn?« fragte er drohend und beugte sich vor. »Wo sie sind, hab ich gefragt!« »In der Küche, Franz.« Und jetzt brach das Gewitter los. Er geriet außer Rand und Band. »In der Küche?« brüllte er. »Es sind nur Kästners? Du versteckst unsre Verwandten in der Küche? Ihr seid wohl alle miteinander blödsinnig geworden, wie?« Er stand auf, schmiß die Zigarre auf den Tisch, stöhnte vor Wut und stapfte mit großen Schritten in den Korridor. Leider hatte er Pantoffeln an. Mit Stiefeln hätte sich die Szene noch viel effektvoller ausgenommen.

Er riß die Küchentür auf, musterte uns von oben bis unten, stemmte die Hände in die Seiten, holte tief Luft und rief empört: »Das laßt ihr euch gefallen?« Meine Mutter sagte kühl und leise: »Wir wollten dich nicht stören, Franz.« Mit einer einzigen Handbewegung wischte er ihre Bemerkung fort. »Wer«, rief er, »erzählt in diesem Hause, daß mich meine Verwandten stören? Das ist ja unglaublich!« Dann streckte er herrisch den Arm aus, ähnlich wie ein Heerführer, der die Reserven ins Feuer schickt. »Ihr kommt auf der Stelle ins Wohnzimmer! Nun? Wird's bald? Oder soll ich euch erst eine schriftliche Einladung schicken? Ida! Emil! Erich! Los! Aber ein bißchen plötzlich!«

Er stapfte voraus. Wir folgten ihm zögernd. Wie die armen Sünder, die der Holzstoß erwartet. »Frau!« rief er. »Frieda, Dora!« rief er. »Zwei Flaschen Wein! Zigarren! Und etwas zu essen!« Die drei Sklavinnen stoben auf und davon. »Wir haben schon in der Küche gegessen«, sagte meine Mutter. »Dann eßt ihr eben noch einmal!« schrie er ärgerlich. »Und nun setzt euch schon endlich hin! Da, Emil, 'ne Zigarre!« »Ich dank dir schön«, sagte mein Vater, »aber ich hab selber welche.« Es war ihr altes Spiel. »Nimm!« befahl der Onkel. »Sowas Gutes rauchst du nicht alle Tage!« »Ich bin so frei«, meinte mein Vater und griff vorsichtig in die Kiste.

Wenn alle unter der Lampe saßen und mit Essen und Trinken versorgt waren, rieb sich Onkel Franz die Hände. »So«, sagte er befriedigt, »nun wollen wir's uns mal recht gemütlich machen! Greif zu, mein Junge! Du ißt ja gar nichts!« Glücklicherweise konnte ich damals viel mehr essen als heute. Ich kaute also um des lieben Friedens willen ein belegtes Brot nach dem anderen. Dora kniff, wenn sie mich anschaute, amüsiert ein Auge zu. Frieda goß Wein nach. Der Onkel kam auf Kleinpelsen, den Kaninchenhandel und wie stets darauf zu sprechen, daß meine Mutter eine Klatschbase gewesen sei, und je mehr sie sich ärgerte, um so vergnügter wurde er. Wenn er sie auf den Siedepunkt gebracht hatte, begann er das Interesse am Thema zu verlieren und erörterte mit der Tante geschäftliche Dinge. Bis er dann plötzlich aufstand, laut gähnte und erklärte, er gehe jetzt ins Bett. »Laßt euch nicht stören«, knurrte er, und schon war er weg. Manchmal wurde er noch deutlicher und sagte in aller Gemütsruhe: »So. Und jetzt könnt ihr gehen.« Ja, mein Onkel Franz war eine Nummer für sich. Und er hatte Nerven wie Stricke.

Da ich mich, auch tagsüber, in der Villa und im Garten herumtrieb, konnte es nicht ausbleiben, daß ich gelegentlich zu Botengängen herangezogen wurde. Ich entledigte mich der verschiedensten Aufträge mit gleicher und gleichbleibender Pünktlichkeit und Zuverlässigkeit. So wurde ich, etwa mit dem zehnten Lebensjahre, Tante Linas linke Hand, man könnte auch sagen, ihr linker Fuß. Denn durch das jahrelange Herumstehen im Fleischerladen und, später, in den Pferdeställen und im Hofe waren ihre Beine schwer und müde geworden. So saß sie lieber, als daß sie ging, und ich übernahm Aufgaben, die man sonst einem kleinen Jungen nicht anvertraut. Ich brachte Verträge zum Notar, daß sie beglaubigt würden, und Wechsel, die zu Protest gehen sollten. Und ich trug, nach den großen Pferdeverkäufen, das Geld zur Bank.

Ich werde die erstaunten Augen der übrigen Kunden nicht vergessen, wenn ich in der Filiale der Dresdner

Bank an den Kassenschalter trat, die dicke Aktenmappe öffnete und die Geldbündel auspackte, die ich vorher mit der Tante durchgezählt hatte. Nun war der Kassierer an der Reihe. Er zählte und zählte und zählte. Er klebte bedruckte Streifen um die Bündel und machte sich Notizen, die ich sorgfältig mit den meinigen verglich. Fünftausend Mark, zehntausend Mark, fünfzehntausend, zwanzigtausend, fünfundzwanzigtausend, dreißigtausend, ja, manchmal vierzigtausend Mark und noch mehr! Die Kunden, die hinter und neben mir standen und auf ihre Abfertigung warteten, vergaßen vor Staunen, ungeduldig zu werden.

Hatte der Kassierer am Ende eine andere Schlußsumme auf seinem Zettel als ich auf meinem, dann wußte er schon, wer sich verrechnet hatte. Natürlich er. Meine Additionen stimmten immer. Und so fing er noch einmal von vorne an. Schließlich zog ich stolz mit der Quittung und der leeren Aktenmappe ab.

Die Tante lobte mich, schloß die Quittung im Schreibtisch ein und schenkte mir fünf Mark. Oder sogar zehn Mark. Und auch sonst griff sie gelegentlich ins Portemonnaie. Sie war eine liebe, gute Frau. Nicht nur, wenn sie mir Geld schenkte.

Eines schönen Tages fehlten ihr, wie oft sie auch nachrechnete, zweihundert Mark. Ihre Rechnung stimmte. Das Geld fehlte. Es war nirgends. Nirgends? Das gab es nicht. Wo war es? Und schon bog die nächste Frage unaufhaltsam um die Ecke: Wer hatte die zweihundert Mark gestohlen? Wer war der Dieb? Wer kam überhaupt in Frage? Onkel Franz und Tante Lina besprachen die Sache unter vier Augen und stellten zunächst einmal fest, wer im Haus es nicht gewesen sein konnte. Dieses Verfahren hat sich seit alters bewährt. Wenn man Glück hat, bleibt der Verbrecher übrig.

In Frage kamen, nach kurzem Nachdenken, nur zwei Personen: Meta, das Dienstmädchen, und ich selber. Meta, die zuerst vernommen wurde, schwor bei allem, was ihr teuer war, sie sei es nicht gewesen, und da man ihr Glauben schenken mußte, blieb der Tante nichts andres übrig, als nunmehr mich zur Rede zu stellen. Die Unterhaltung war sehr kurz. Noch ehe die Tante zu Ende gesprochen hatte, war ich auf und davon. Meine Mutter hörte sich meinen Bericht an und sagte: »Schade. Es waren eigentlich ganz nette Leute.« Damit war der Fall für uns erledigt.

Ein paar Tage später fand die Tante das Geld zufällig in einer Schublade. Sie hatte es wohl selber hineingelegt und über wichtigeren Geschäften vergessen gehabt. Als erste Abgesandte klingelte meine Kusine Dora bei uns. Sie erzählte, was sich zugetragen habe, und überbrachte herzliche Grüße. »Du kannst nichts dafür«, sagte meine Mutter zu ihr, »aber es wird das beste sein, wenn du machst, daß du fortkommst.« Tags darauf erschien Frieda, die Perle, doch auch sie stand sehr bald wieder auf der Straße. Am nächsten Tage kam Tante Lina, trotz ihrer Krampfadern, die Treppen heraufgeächzt. »Es ist schon gut, Lina«, sagte meine Mutter. »Ich hab dich gern, das weißt du ja. Doch wer meinem Jungen zutraut, er sei ein Dieb, den kenn ich nicht mehr.« Damit schlug sie der Tante die Tür vor der Nase zu.

Als wieder ein Tag vergangen war, fuhr vorm Haus eine Kutsche vor, und Onkel Franz kletterte heraus! Er vergewisserte sich, ob die Hausnummer stimme, verschwand im Tor und stand kurz darauf, zum ersten Mal in seinem Leben, vor unsrer Tür. »Nanu!« meinte meine Mutter. »Was willst du denn hier?« »Sehen, wie ihr wohnt!« knurrte er. »Willst du mich nicht hineinlassen?« »Nein!« sagte meine Mutter. Doch er schob sie beiseite und trat ein. Wieder wollte sie ihm den Weg versperren. »Sei nicht albern, Ida!« brummte er verlegen und schob sie vor sich her, als sei er eine Dampfwalze.

Die Unterhaltung, die Bruder und Schwester miteinander in Paul Schurigs Zimmer führten, verlief ziemlich laut. Ich saß in der Küche und hörte sie schreien. Es war ein leidenschaftliches Zankduett, und die aufgebrachte Stimme meiner Mutter übernahm mehr und mehr die Führung. Als der Onkel ging, trocknete er sich mit seinem großen Taschentuch die Stirn. Trotzdem schien er erleichtert zu sein. In der Wohnungstür blieb er noch einmal stehen und meinte: »Schön habt ihr's hier!« Dann ging er.

»Er hat sich entschuldigt«, sagte meine Mutter. »Er hat uns gebeten, die Sache zu vergessen und bald wiederzukommen.« Sie trat ans Küchenfenster und beugte sich hinaus. Drunten kletterte der Onkel gerade wieder auf den Kutschbock, lockerte die Bremse, hob die Zügel, schnalzte mit der Zunge und fuhr davon. »Was meinst du?« fragte meine Mutter. »Wollen wir's verges-

sen?« »Ich denke schon«, gab ich zur Antwort. »Also
gut«, sagte sie. »Es wird das beste sein. Schließlich ist er
ja mein Bruder.«

Und so wurde es wieder, wie es gewesen war. Ich
blickte wieder von der Gartenmauer auf den Albertplatz, trank wieder im kleinen Pavillon Kaffee und trug
wieder viel Geld auf die Bank. Die Aktenmappe, worin
ich die Scheine und Schecks transportierte, wurde von
Mal zu Mal dicker, und der alte Gärtner sagte zu mir:
»Ich möchte nur wissen, was er davon hat! Mehr als ein
Schnitzel kann er nicht essen. Mehr als einen Hut kann
er sich nicht auf den Kopf setzen. Und im Sarg kann er
kein Geld ausgeben. Die Würmer fressen ihn gratis und
franko.« »Es ist der Ehrgeiz«, meinte ich. Der Gärtner
verzog das Gesicht und sagte: »Der Ehrgeiz! Wenn ich
das schon höre! Der Mann lebt in seiner eignen Villa als
Schlafbursche. Er weiß gar nicht, daß zu dem Haus ein
Garten gehört. Er hat in seinem ganzen Leben noch
nicht einen Tag Urlaub gemacht. Er wird nicht eher
Ruhe geben, als bis er in der Erde liegt und sich die
Radieschen von unten ansieht.« »Sie reden ziemlich viel
vom Sterben«, stellte ich fest. Er warf seinen Zigarren-
stummel ins Beet, zerhackte ihn mit dem Spaten und
sagte: »Das ist kein Wunder. Ich bin von Haus aus
Friedhofsgärtner.«

Natürlich hatte er recht. Das Leben, das Onkel Franz
und Tante Lina führten, war unsinnig. Sie kamen kaum
zum Atemholen. Sie fanden keine Zeit, die Blumen im
eignen Garten zu betrachten. Sie wurden immer rei-

cher. Doch wozu eigentlich? Einmal wurde die Tante vom Arzt nach Bad Elster zur Kur geschickt. Nach zehn Tagen war sie wieder da. Sie hatte keine Ruhe gehabt und von kranken Pferden und geplatzten Wechseln geträumt. Wenn Dora Ferien hatte, reiste und wanderte sie mit meiner Mutter und mir, und auch das fand der Onkel höchst überflüssig. »Sind denn wir als Kinder an der Ostsee gewesen?« fragte er ärgerlich. »Was soll dieser neumodische Quatsch?« Und als sie, mit fünfzehn Jahren, in ein Pensionat gegeben werden sollte, schickte er sie nicht etwa nach Lausanne, Genf oder Grenoble, sondern nach Herrnhut in Sachsen, ins Töchterschulheim der Brüdergemeinde, wo es so streng und fromm zuging, daß die Ärmste ganz blaß, verhärmt und verschüchtert zurückkehrte.

Sie heiratete mit zwanzig Jahren einen Geschäftsmann, der dem Onkel zusagte, und sie starb bei der Geburt des ersten Kindes. Es war ein Junge. Er wurde Franz getauft und bei den Großeltern aufgezogen. Die Inflation brachte sie um ihr Vermögen. Aber Onkel Franz ließ nicht locker. Noch einmal brachte er es zu ansehnlichem Wohlstand. Dann war es mit ihm aus! Er fiel um wie ein Baum und war tot. Geld hinterließ er genug, so daß Tante Lina in der Villa wohnen bleiben und den Enkel, von Frieda unterstützt, aufs sorgfältigste erziehen konnte. Den Enkel, der sie mit seinen blonden Haaren und blauen Augen bis ans Lebensende an ihre Dora erinnerte!

Nicht bis an ihr, sondern bis an sein Lebensende. Er fiel als Medizinstudent und Unterarzt, im Jahre

1945, kurz vorm Zusammenbruch, beim Rückzug aus Ungarn und hinterließ eine junge Frau und einen kleinen blonden und blauäugigen Jungen, der die Tante nun an zwei Paar blaue Augen erinnerte, die für immer geschlossen waren. Da starb auch meine Tante Lina.

Hätte es etwas genützt, wenn, etwa im Jahre 1910, nachts im Schnellzug nach Holland, ein Mitreisender zu Onkel Franz gesagt hätte: »Entschuldigen Sie, daß ich Sie störe, Herr Augustin! Aber ich bin der Erzengel Michael, und ich soll Ihnen ausrichten, daß Sie alles falschmachen!«, hätte es denn wirklich etwas genützt? »Lassen Sie mich gefälligst in Ruhe!« hätte mein Onkel geknurrt. Und wenn sein Gegenüber energisch wiederholt hätte, daß sein Auftrag wichtig und daß er tatsächlich der Erzengel Michael sei, hätte Onkel Franz bloß den steifen Hut über die Augen geschoben und gesagt: »Von mir aus können Sie Hase heißen!«

Der zwiefache Herr Lehmann

Nach den ersten vier Schuljahren verabschiedete sich etwa die Hälfte meiner Mitschüler, verließ die Tieckstraße und tauchte nach Ostern, stolz und mit bunten Mützen, in den Sexten der Gymnasien, Realgymnasien, Reformgymnasien, Oberrealschulen und Realschulen wieder auf. Es war nicht die bessere Hälfte, doch die Dümmsten darunter bildeten es sich ein. Und wir anderen waren zwar in der Tieckstraße, nicht aber geistig zurückgeblieben. Alle miteinander wußten wir, daß die Frage ›Höhere Schule oder nicht?‹ nicht von uns selber, sondern vom väterlichen Geldbeutel beantwortet worden war. Es war eine Antwort aus der falschen Ecke. Und ohne einen Rest Bitterkeit in manchem Kinderherzen ging das nicht ab. Das Leben war ungerecht und wartete damit nicht bis zur Konfirmation.

Weil auch aus der Parallelklasse viele Jungen ins Land der bunten Schülermützen ausgewandert waren, wurden die zwei Klassenreste zu einer einzigen Klasse zusammengefaßt, und unser Klassenlehrer, dem ein schrecklicher Ruf vorausging, hieß Lehmann. Man hatte uns berichtet, daß man bei ihm in einem Jahre mehr lernen müsse als anderswo in zwei Jahren, und diese Berichte waren, wie wir bald merken sollten, nicht übertrieben. Außerdem hatte man uns erzählt, daß er pro Woche einen Rohrstock verbrauche, und auch diese Erzählungen trafen ungefähr zu. Wir zitterten vor ihm, bevor wir ihn kannten, und wir zitterten noch mehr, als wir ihn kennengelernt hatten und immer besser kennenlernten. Er regierte, daß uns die Köpfe und die Hosenböden rauchten!

Lehrer Lehmann machte keine Späße und verstand keinen Spaß. Er malträtierte uns mit Hausaufgaben, bis wir umsanken. Er traktierte uns mit Lernstoff, Diktaten und anderen Prüfungen, daß sogar die flinksten und besten Schüler nervös wurden. Wenn er ins Klassenzimmer trat und, kühl bis ans Herz hinan, sagte: »Nehmt die Hefte heraus!«, wären wir am liebsten ins nächste Mauseloch gekrochen. Es war nur keines da, schon gar nicht eines für dreißig Knaben. Und daß er pro Woche einen Rohrstock verbrauchte, stimmte nur zur Hälfte. Er verbrauchte zwei.

Unser Herr Lehmann war auf tägliche Zornesausbrüche fest abonniert. Ihn übermannte der Zorn angesichts fauler Schüler, frecher Schüler, dummer Schüler, stummer Schüler, feiger Schüler, bockiger Schüler, wispernder Schüler, heulender Schüler und verzweifelter Schüler. Und wer von uns wäre nicht das eine oder andre Mal dies oder das gewesen? Lehrer Lehmanns Zorn hatte die Auswahl.

Er gab uns Ohrfeigen, daß die Backen schwollen. Er nahm den Rohrstock, ließ uns die Hand ausstrekken und hieb uns fünfmal oder zehnmal über die geöffnete Handfläche, bis sie brandrot anlief, wie Hefeteig schwoll und niederträchtig schmerzte. Dann kam, da der Mensch auch schon als Kind zwei Hände hat, die andre Hand an die Reihe. Wer die Hände vor Schreck schloß, dem schlug er auf die Faust und die Finger. Er befahl einem halben Dutzend von uns, sich nebeneinander über die vorderste Bankreihe zu legen, und vermöbelte sechs strammgezogene Hosenböden in gerechtem Wechsel und rascher Folge, bis ein sechsstimmig schauerlicher Knabenchor die Luft erschütterte und wir übrigen uns die Ohren zuhielten. Wer an der Wandtafel nicht weiter wußte, dem schlug er auf die Waden und Kniekehlen, und wer sich dann umdrehte, war noch übler dran. Manchmal spaltete sich der Rohrstock der Länge nach. Manchmal zersprang er in der Quere. Die Stücke pfiffen durch die Luft und um unsere Köpfe. Dann setzte es bis zur Pause Backpfeifen. Lehmanns Hände gingen nicht in Stücke! Und zu Beginn der nächsten Stunde brachte er den nächsten Rohrstock mit.

Es gab damals Lehrer, die sich beim Pedell ihre Rohrstöcke genießerisch auswählten, wie das verwöhnte Raucher mit Zigarren tun. Es gab welche, die den Stock vor der Exekution ins Waschbecken legten, weil es dann doppelt wehtat. Das waren Halunken, denen das Prügeln ein delikates Vergnügen bedeutete. Zu dieser hundsgemeinen Sorte gehörte der Lehrer Lehmann nicht. Er war weniger ordinär, aber viel gefährlicher als sie. Er schlug nicht, weil er unseren Schmerz genießen wollte. Er schlug aus Verzweiflung.

Er verstand nicht, daß wir nicht verstanden, was er verstand. Er begriff nicht, daß wir ihn nicht begriffen. Darüber geriet er außer sich. Darüber verlor er den Kopf und die Nerven und schlug wie ein Tobsüchtiger um sich. Es war zuweilen wie im Irrenhaus.

Immer wieder liefen die Eltern zum Direktor und beschwerten sich unter Drohungen und Tränen. Sie brachten ärztliche Zeugnisse mit, worin von körperlichen und seelischen Schäden die Rede war, die der oder jener Junge davongetragen hatte. Schadenersatzforderungen wurden in Aussicht gestellt. Der Direktor rang die Hände. Er wußte das ja alles, und er wußte es länger als wir und unsre Eltern. Er versprach, sich den Herrn Kollegen vorzuknöpfen. Und jedesmal endete er mit dem Satz: »Es ist schrecklich, denn im Grunde ist er mein bester Lehrer.« Das war natürlich falsch.

Dieser Herr Lehmann war ein tüchtiger Mann, ein fleißiger Mann, ein gescheiter Mann, der aus uns tüchtige, fleißige und gescheite Schüler machen wollte. Sein Ziel war vortrefflich. Der Weg dahin war abscheulich. Der tüchtige, fleißige und gescheite Mann war kein guter, sondern er war überhaupt kein Lehrer. Denn ihm fehlte die wichtigste Tugend des Erziehers, die Geduld. Ich meine nicht jene Geduld, die an Gleichgültigkeit grenzt und zum Schlendrian führt, sondern die andere, die wahre Geduld, die sich aus Verständnis, Humor und Beharrlichkeit zusammensetzt. Er war kein Lehrer, sondern ein Dompteur mit Pistole und Peitsche. Er machte das Klassenzimmer zum Raubtierkäfig.

Wenn er nicht im Käfige stand, nicht vor dreißig jungen und faulen, verschlagnen und aufsässigen Raubtieren, war er ein anderer Mensch. Dann kam der eigentliche Herr Lehmann zum Vorschein, und eines Tages lernte ich ihn kennen. Eines Tages und einen ganzen Tag lang. Damals stand schon fest, daß drei seiner Schüler dem unheimlichen Rohrstock ein ganzes Jahr vor der Konfirmation entrinnen würden: Johannes Müller, mein Freund Hans Ludewig und ich selber.

Wir hatten die Aufnahmeprüfung für die Präparanda, so nannte sich die dem Seminar angegliederte Vorbereitungsklasse, mit Glanz und Ehre bestanden. Die Herren Professoren hatten unsre Kenntnisse offenkundig bestaunt. Sie wußten ja nicht, welchem Tierbändiger wir unsere Künste verdankten, und so war ihr Lob an die falsche Adresse geraten, an die Zöglinge, statt an den Zuchtmeister. Immerhin, auch er schien auf das Resultat stolz zu sein, und sein Rohrstock machte seitdem um uns drei einen Bogen.

Während einer Frühstückspause trat er im Schulhof zu mir und fragte obenhin: »Willst du am Sonntag mit mir in die Sächsische Schweiz fahren?« Ich war verdutzt. »Am Abend sind wir wieder zurück«, meinte er. »Grüß deine Eltern und frag sie um Erlaubnis! Wir treffen uns Punkt acht Uhr in der Kuppelhalle des Hauptbahnhofs.« »Gern«, sagte ich verlegen. »Und bring deine Turnschuhe mit!« »Die Turnschuhe?« »Wir werden ein bißchen klettern.« »Klettern?« »Ja, in den Schrammsteinen. Es ist nicht gefährlich.« Er nickte mir zu, biß in sein Frühstücksbrot und ging davon. Die

Kinder wichen vor ihm zurück, als sei er ein Eisbrecher. »Was wollte er denn?« fragte mein Freund Ludewig. Und als ich es ihm erzählt hatte, schüttelte er den Kopf. Dann sagte er: »Das kann ja gut werden! In deinem Rucksack die Turnschuhe und in seinem der Rohrstock!«

Seid ihr schon einmal an einem mehr oder weniger senkrechten Sandsteinfelsen hochgeklettert? Wie eine Fliege an der Tapete? Dicht an die Wand gepreßt? Mit den Fingern und Fußspitzen in schmalen Fugen und Rillen? Nach den nächsten schmalen Simsen und Vorsprüngen über euch tastend? Sobald die linke Hand einen neuen Halt gefunden hat, den linken Fuß nachziehend, bis auch die Zehen neuen Widerstand spüren? Dann, nach der Linksverlagerung des Körpergewichts, das Manöver mit der rechten Hand und dem rechten Fuß wiederholend? Viertelmeter für Viertelmeter, immer höher hinauf, zehn oder fünfzehn Meter empor, bis endlich ein Felsvorsprung Platz und Zeit zum Verschnaufen bietet? Und dann, mit der gleichen Ruhe und Vorsicht, die nächste senkrechte Felswand hoch? Ihr habt so etwas noch nicht versucht? Ich warne Neugierige.

Droben auf dem Gipfelchen, wo sich eine kleine krumme Kiefer festgekrallt hatte, ruhten wir uns aus. Das Elbtal schimmerte in sonnigem Dunst. Geisterhaft bizarre Felsen, Zyklopen mit Riesenköpfen, standen wie Wächter vorm Horizont. Es roch nach Hitze. Irgendwo im Tal lagen unsere Stiefel, Jacken und Rucksäcke. Dorthin mußten wir zurück, und ich tat mir aufrichtig leid.

Lehrer Lehmann war zwar, was ich vorher nicht gewußt hatte, ein Meister der Kletterkunst und kannte die Felsen ringsum in- und auswendig und wie seine Westentasche. Außerdem hatte er mich durch taktische Zurufe gelenkt und ein paarmal angeseilt. Doch bis auf eine gemütliche Kaminstrecke hatte ich seiner Fassadenkletterei in Gottes freier Natur nichts abgewinnen können. Meine Angst hatte mir nicht den geringsten Spaß gemacht. Und auch der Gipfelblick bereitete mir, so reizvoll er sein mochte, keine ungetrübte Freude. Denn ich dachte insgeheim an den Rückweg und befürchtete, daß er noch schwieriger sein werde als der Aufstieg. Ich hatte recht.

Stubenfliegen sind, mindestens an senkrechten Wänden, besser dran als wir, insbesondere beim Abstieg. Sie klettern mit dem Kopfe voran zu Tale. Das kann der Mensch nicht. Er behält an senkrechten Wänden auch beim Hinunterklettern den Kopf oben. Seine gesamte Aufmerksamkeit verlagert sich in die Füße, die, blind und zentimeterweise, nach unten tasten und den nächsten Halt suchen. Wenn dann dieser nächste schmale Sims aus porösem und verwittertem Sandstein unter dem Schuh wegbröckelt und der Fuß in der Luft hängt, bleibt, glücklicherweise nur für kurze Zeit, das Herz stehen. In solchen Momenten liegt die Gefahr nahe, daß man den Kopf senkt, weil die Augen den Zehen beim Suchen helfen wollen. Diese Gefahr ist nicht zu empfehlen.

Ich erinnere mich noch heute, wie mir zumute wurde, als ich die Wand hinunterblickte. Tief und senkrecht unter mir sah ich, klein wie Puppenspielzeug, unsre Jacken und Rucksäcke an einem zwirndünnen Wege liegen, und ich preßte vor Schreck die Augen zu. Mir wurde schwindlig. Es brauste in den Ohren. Mein Herz stand still. Endlich besann es sich auf sein altes Geschäft. Es begann wieder zu schlagen. Daß ich schließlich drunten, neben unseren Rucksäcken, lebend eintraf, ist unter anderem daraus ersichtlich, daß ich jetzt, im Jahre 1957, davon berichte. Zu behaupten, mein Leben habe damals an einem Faden gehangen, träfe nicht ganz zu. Denn es war kein Faden da.

Als wir, am Fuß des Felsens, unsere Stiefel und Jacken angezogen hatten, zeigte mir Herr Lehmann auf einer Landkarte, welche Gipfel er noch nicht erklettert hatte. Ihre Zahl war nicht der Rede wert. Bei ihnen sei das Risiko zu groß, meinte er, und man dürfe nicht mit seinem Leben spielen. Wir schulterten unsere Rucksäcke. »Und sonst«, fragte ich, »wandern Sie immer allein?« Er versuchte zu lächeln. Das war gar nicht so einfach, denn er hatte darin keine rechte Übung. »Ja«, sagte er. »Ich bin ein einsamer Wandersmann.«

Der Nachmittag verlief gemütlicher. Die Turnschuhe blieben im Rucksack. Die Felsen waren nun keine Turngeräte mehr, sondern vorsintflutliche Sedimente aus der Kreidezeit, bizarre Zeugen dafür, daß wir über uralten Meeresboden wanderten, der sich vor zahllosen Jahrtausenden ans Licht gehoben hatte. Muschelab-

drücke im Sandstein erzählten davon. Die Felsen wußten spannende Geschichten vom Wasser, vom Eis und
vom Feuer, und Lehrer Lehmann verstand, den Steinen
zuzuhören. Er begriff die Dialekte der Vögel. Er studierte die Spuren des Wildes. Er zeigte mir die Sporen-
laternen im Moos mit den kleinen Zipfelmützen, die
später herunterpurzelten. Er kannte die Gräser beim
Vornamen, und wir bewunderten, beim Vesperbrot in
der Wiese, ihr grünes Vielerlei und ihr zärtliches Blü-
hen. Die Natur war vor ihm aufgeschlagen wie ein
Buch, und er las mir daraus vor.

Auf dem Deck des Raddampfers, der von Boden-
bach-Tetschen heruntergeschwommen kam und mit
dem wir gemächlich heimfuhren, blätterte er dann im
Buch der Geschichte. Er erzählte vom Lande Böhmen,
wo unser Dampfer noch vor einer Stunde geankert
hatte, von König Ottokar und Karl IV., von den Hus-
siten, den unseligen Kirchenkriegen, der unheilvollen
und unheilbaren Rivalität zwischen Preußen und
Österreich, von den Jungtschechen und dem drohen-
den Zerfall der Donaumonarchie. Immer und immer
wieder, sagte er traurig, begehe Europa Selbstmordver-
suche. Die Besseres wüßten, schimpfe man Besserwisser. Und so werde Europas krankhafter Plan, sich selber
umzubringen, eines Tages endlich glücken. Er zeigte
auf Dresden, dessen Türme in der Abendsonne golden
vor uns auftauchten. »Dort liegt Europa!« sagte er leise.

Als ich mich an der Augustusbrücke für den schönen
Tag bedankte, versuchte er wieder zu lächeln, und diesmal gelang es ihm fast. »Ich wäre ein ganz brauchbarer

Hofmeister geworden«, meinte er, »ein Hauslehrer und Reisemarschall für drei, vier Kinder. Das brächte ich zuwege. Doch dreißig Schüler, das sind für mich fünfundzwanzig zuviel.« Damit ging er. Ich sah hinter ihm drein.

Plötzlich blieb er stehen und kam zurück. »Die Kletterpartie war ein großer Fehler«, sagte er. »Ich habe um dich mehr Angst gehabt als du selber.« »Es war trotzdem ein schöner Tag, Herr Lehmann.« »Dann ist es ja gut, mein Junge.« Und nun ging er wirklich, der einsame Wandersmann. Er ging allein. Er wohnte allein. Er lebte allein. Und er hatte fünfundzwanzig Schüler zuviel.

Meine Mutter, zu Wasser und zu Lande

Und noch einmal – weil eben von Fels und Fluß und Wiesen die Rede war – will ich die Fanfare an die Lippen setzen und das Lob meiner Mutter in die Lüfte schmettern, daß es von den Bergen widerhallt. Aus allen Himmelsrichtungen antwortet das Echo, bis es klingt, als stimmten hundert Waldhörner und Trompeten, Frau Kästner zu Ehren, in mein Preislied ein. Und schon mischen sich die Bäche und Wasserfälle ins Konzert, die Gänse auf den Dorfstraßen, die Hämmer vor der Schmiede, die Bienen im Klee, die Kühe am Hang, die Mühlräder und Sägewerke, der Donner überm Tal, die Hähne auf dem Mist und auf den Kirchtürmen und die Bierhähne in den abendlichen Gasthöfen. Die Enten im Tümpel schnattern Beifall, die Frösche quaken Bravo, und der Kuckuck ruft von weither seinen Namen. Sogar die Pferde vorm Pflug blicken von der Feldarbeit hoch und wünschen dem ungleichen Paar auf der Landstraße wiehernd gute Reise.

Wer sind die beiden, die singend und braungebrannt das Land durchstreifen? Die wie zwei Handwerksburschen aus der gluckernden Feldflasche trinken? Die hoch über Hügeln und Tälern rasten, hartgekochte

Eier frühstücken und zum Nachtisch das liebliche Panorama mit den Augen verzehren? Die bei Sturm und Regen mit Pelerinen und Kapuzen trotzig und unverdrossen durch die Wälder ziehen? Die abends am Wirtshaustisch eine warme Suppe löffeln und, kurz darauf, herrlich müde ins buntkarierte Bauernbett sinken?

Das Wandern wurde, mir zuliebe, Frau Kästners Lust, und sie betrieb dieses dem Gemüt und der Gesundheit dienliche Vergnügen höchst systematisch. So ließ sie sich zunächst einmal, etwa als ich acht Jahre zählte, zum Erstaunen der Schneiderin ein wetterfestes Kostüm aus grünem Loden anfertigen. Im Geschäft wäre es billiger gewesen, doch in Geschäften gab es dergleichen nicht. Frauen wanderten damals nicht, es war ganz und gar nicht Mode. Der Rock reichte, der Zeit gemäß, fast bis zu den Knöcheln! Frau Wähner, die Putzmacherin, fabrizierte nach Mutters Angaben einen breitkrempigen grünen Lodenhut, der mit zwei gabelförmigen Patenthutnadeln in der Frisur verankert und vertäut wurde, und auch Frau Wähner staunte. Zwei grüne Regenpelerinen wurden eingekauft. Mein Vater, der das Staunen längst verlernt hatte, schuf in der Kellerwerkstatt mit wahrem Feuereifer zwei unzerreißbare grüne Rucksäcke, den kleineren für mich. Und so waren wir bald aufs beste und aufs grünste ausgerüstet.

Nicht das geringste fehlte. Alles Notwendige war beschafft worden: zwei eisenbewehrte Bergstöcke, eine Feldflasche, Büchsen für Butter, Wurst, Eier, Salz, Zucker und Pfeffer, ein Kochgeschirr für Knorrs Erbswurst und Maggi-Suppen, ein Spirituskocher und zwei leichte Eßbestecke. Zu den kernigen Stiefeln gehörte eine Büchse mit Lederfett, und nur einmal wurde sie, bei einem Picknick irgendwo in der Lausitz, mit der Butterbüchse verwechselt. Schon nach dem ersten Bissen war uns klar, daß es sich nicht empfiehlt, Lederfett aufs Brot zu streichen. Es heißt zwar, über den Geschmack ließe sich streiten. Doch auf die Frage, ob Lederfett ein Genußmittel sei, dürfte es wirklich nur eine einzige Antwort geben. Jedenfalls ist dies seitdem meine fundierte Meinung. Gegenteilige Belehrungen müßte ich rundweg ablehnen.

Wir waren aufs Wandern lückenlos vorbereitet und brauchten nur noch das Wandern selber zu erlernen. Unsre Wanderjahre waren Lehrjahre. Anfangs glaubten wir zum Beispiel, der Mensch wisse auch an Kreuzungen den richtigen Weg, der zum richtigen Ziele führt. Als wir aber, zu wiederholten Malen, nach vier, ja fünf Stunden verblüfft dort anlangten, wo wir morgens aufgebrochen waren, begannen wir am Instinkt des Europäers zu zweifeln. Wir waren keine Indianer. Und es half nichts, sich nach dem Stande der Sonne zu richten. Vor allem dann nicht, wenn man sie vor lauter Wald und Wolken gar nicht sah!

Deshalb gingen wir dazu über, anhand von Landkarten und Meßtischblättern das Weite zu suchen, und brachten es mit der Zeit zu nahezu fehlerlosen Ergebnissen. Auch Blasen an den Füßen, Atemnot und Kreuzschmerzen überwanden wir bald. Wir gaben nicht nach. Wir schritten fort und wurden Fortgeschrittene. Schließlich kannten wir alle Schliche des Wanderns. Wir legten am Tag vierzig, sogar fünfzig Kilometer zurück, ohne daß uns dies sonderlich angestrengt hätte, und wir durchstreiften auf diese Weise Thüringen, Sachsen, Böhmen und Teile Schlesiens. Wir erstiegen, langsamen Schritts, zwölfhundert Meter hohe Berge, und wir hätten auch noch höhere Gipfel erklommen, wenn es nur welche gegeben hätte. Wo es uns besonders gefiel, spendierten wir uns einen Ruhetag und faulenzten wie schnurrende Katzen. Dann ging es weiter im Text, eine Woche und manchmal vierzehn Tage lang, zuweilen mit Dora, der Kusine, meist und fast noch lieber ohne sie. Die Märsche wurden für unsere gelehrigen Füße zu Spaziergängen. Zwischen uns und der Natur stand keine Mühe mehr. Die Flüsse, der Wind, die Wolken und wir blieben im Takt. Es war herrlich. Und gesund war es außerdem. Vom Fuß bis zum Kopf, und vom Kopf bis zu den Füßen. Mens sana in corpore sano, wie wir Lateiner sagen.

So eroberten wir uns den Thüringer Wald und die Lausitzer Berge, die Sächsische Schweiz und das böhmische Mittelgebirge, das Erzgebirge und das Isergebirge, und dazu sangen wir: »O Täler weit, o Höhen, o schöner grüner Wald!« Vom Jeschken bis zum Fichtelberg, von der Roßtrappe bis zum Milleschauer erstiegen wir alle Gipfel und Gipfelchen. Ruinen und Klöster, Burgen und Museen, Dome und Schlösser, Wallfahrtskirchen und Rokokogärten lagen am Weg, und wir hielten feierlich Umschau. Dann zogen wir weiter, kreuz und quer durchs Land, die Friseuse in grünem Loden und ihr Junge. Manchmal hatte ich sogar meine buntbebänderte Laute dabei, da sang es sich noch besser. »Da draußen, stets betrogen, saust die geschäft'ge Welt« sangen wir, und der Herr von Eichendorff, der Dichter des Liedes, hätte seine helle Freude an uns beiden gehabt, wenn er nicht schon tot gewesen wäre. Zwei glücklichere Enkel der Romantik hätte er so bald nicht gefunden.

Dieser oder doch einer ähnlichen Meinung schien eines Tags ein Herr zu sein, der noch lebte. Meine Mutter und ich waren nach einer mehrtägigen Wanderung durch die Sächsische Schweiz im Linckeschen Bad eingekehrt, einem Gartenlokal an der Elbe, das durch den Kammergerichtsrat E. T. A. Hoffmann, einen romantischen Kollegen Eichendorffs, berühmt geworden ist. Die Königsbrücker Straße lag nur um die Ecke, aber wir hatten Durst und noch keine rechte Lust aufs Daheimsein. So ließen wir uns Zeit, tranken kühle Limonade und brachen, nachdem die Kellnerin kassiert hatte, in schallendes Gelächter aus. Denn jetzt besaßen wir, wie wir das Portemonnaie auch drehten und wendeten, nur noch ein einziges Geldstück, einen Kupferpfennig! Mitten im ›Goldenen Topf‹! (Diese Bemerkung gilt bloß für belesene Leute.)

Der Herr am Nebentisch wollte wissen, warum wir so fröhlich waren. Und als wir es ihm gesagt hatten, machte er meiner Mutter einen Heiratsantrag. Er sei, erzählte er, ein in den Vereinigten Staaten reichgewordener Deutscher, der sich für drüben eine Frau suche.

Meine Mutter sei, das habe er sofort gemerkt, die Richtige, und daß er bei dieser einmaligen Gelegenheit auch noch einen so aufgeweckten und lustigen Sohn als Zuwaage erhalte, sei ein Glücksfall ohnegleichen. Unsere unverdrossen wachsende Heiterkeit steigerte seinen Eifer, statt ihn zu dämpfen. Daß wir einen Ehemann und Vater bereits besäßen, focht ihn nicht an. Dergleichen lasse sich, meinte er selbstsicher, mit genügend Geld und bei einigem guten Willen bequem regeln. Er war von seinem Vorsatz, uns beide zu heiraten und nach Amerika mitzunehmen, durch nichts abzubringen. Und so blieb uns schließlich nichts übrig als die Flucht. Wir waren, als geübte Wanderer, besser zu Fuß als er. Er verlor uns aus den Augen, und so konnten wir uns gerade noch retten und dem Deutschen Reich erhalten.

Hätten wir nicht so schnell laufen können, meine Mutter und ich, dann wär ich heute womöglich ein amerikanischer Schriftsteller oder, in Anbetracht meiner deutschen Sprachkenntnisse von Kind auf, Generalvertreter für Coca-Cola, Chrysler oder die Paramount in Nordrhein-Westfalen oder Bayern! Und im Jahre 1917 hätte ich dann vor dem soeben erwähnten Linckeschen Bad nicht im Schilderhause stehen und Wache schieben müssen! Aber stattdessen wär ich vielleicht amerikanischer Soldat gewesen! Denn so schnell und so weit weg, daß man auf dieser verrückten Welt nicht doch irgendwo Soldat wird, kann man gar nicht laufen! Nun ja, das gehört nicht hierher.

Mein Vater war eine beinahe noch peniblere Hausfrau als meine Mutter. Bevor sie und ich aus der Wildnis heimkehrten, begann er in Kernseife, Sidol und Bohnerwachs förmlich zu schwelgen. Wie ein Berserker fiel er mit Schrubbern, Scheuerhadern, Wurzelbürsten, Putzlappen und Fensterledern über die Wohnung her. Auf jedes Stäubchen machte er Jagd. Er rumorte bis tief in die Nacht. Tagsüber war er ja in der Kofferfabrik und hatte für Zimmerkosmetik keine Zeit. Grützners und Stefans, die nebenan wohnten, konnten dann nicht einschlafen und sagten: »Aha, die zwei Wanderburschen kommen morgen zurück!«

Es war jedesmal dasselbe. Wir traten in den Korridor und fühlten uns plötzlich noch viel staubiger und dreckiger, als wir schon waren. Die Klinken, der Herd und die Ofentüren blitzten. Die Fenster schimmerten lupenrein. Im Linoleum hätten wir uns, wenn wir gewollt hätten, spiegeln können. Aber wir wollten nicht. Wir wußten ohnehin, daß wir wie Landstreicher aussahen. Da half nur eins: der Sprung in die Badewanne.

Kaum daß wir wieder gesitteten Stadtbewohnern einigermaßen ähnlich sahen, trabte ich als Herold durch die Straßen und brachte den Kunden die Kunde, daß die Friseuse Ida Kästner aus den Ferien zurücksei und nach Weiberköpfen lechze. So wurde denn in den nächsten Tagen frisiert, onduliert, kopfmassiert und kopfgewaschen, bis alle Geschäftsfrauen und Verkäuferinnen hinter ihren Ladentischen wieder wie neu aussahen. Sie blieben ihrer Friseuse treu. Einmal wurde, weil wir auf Wanderschaft waren, sogar eine Hochzeit verschoben. Die Braut, ein Ladenfräulein aus dem Konsum, hatte darauf bestanden.

Am Abend nach unserer Rückkunft trat dann mein Vater, nachdem er sein Fahrrad im Keller verstaut hatte, in die Küche und sagte befriedigt: »Da seid ihr ja wieder!« Mehr sagte er nicht, und mehr war ja auch nicht nötig. Das Reden besorgten wir.

Länger als zwei Wochen pflegten, aus notwendiger Rücksicht auf Mutters Kundinnen, unsere Landstreichereien nicht zu dauern. Doch meine Sommerferien dauerten länger. Und so verbrachten wir halbe, manchmal sogar ganze Tage der restlichen Ferienzeit an den Waldteichen in Dresdens Nähe oder im König Friedrich August-Bad in Klotzsche-Königswald. Obwohl mir weder der Schwimmunterricht an der Angel, mit den stupiden Kommandos des Bademeisters, noch das Herumkrebsen mit einem Korkgürtel um den Bauch auch nur das mindeste genützt hatte, war ich, heimlich im Selbstlehrgang, ein leidlicher Schwimmer geworden. – Da meine Mutter es nur schwer ertragen konnte, wenn sie, hilflos vom Ufer oder vom Bassin für Nichtschwimmer aus, nichts als meinen Haarschopf erblickte, beschloß sie, Schwimmerin zu werden. Wißt ihr, wie damals Badeanzüge für Frauen aussahen? Nein? Seid froh! Sie glichen Kartoffelsäcken aus Leinen, nur daß sie bunt waren und lange Hosenbeine hatten. Und statt anliegender Badehauben trug die Damenwelt aufgeplusterte Kochmützen aus rotem Gummi. Es war ein Anblick zum Steinerweichen.

In diesem närrischen und unbequemen Kostüm stieg meine Mutter in die Fluten des Weixdorfer Teichs, legte sich waagrecht auf den Wasserspiegel, machte einige energiegeladene Bewegungen, öffnete den Mund, um etwas zu sagen, und versank! Was sie hatte sagen wollen, weiß ich nicht. Ganz bestimmt war es nicht das, was sie, als sie einige Sekunden später zornig wieder auftauchte, tatsächlich äußerte. Die Sohnespflicht und die Schicklichkeit verbieten es mir, die Bemerkung zu wiederholen. Die Nachwelt wird sich näherungsweise denken können, was gesagt wurde. Und die Nachwelt hat bekanntlich immer recht. Festgestellt sei jedenfalls, daß die hier unwiederholbare Erklärung erst abgegeben wurde, nachdem meine Mutter einen nicht unbeträchtlichen Teil des idyllisch gelegenen Waldteichs ausgespuckt hatte und, von mir gestützt, zum Ufer wankte.

Weitere Schwimmversuche unternahm sie nicht. Das Element, das keine Balken hat, hatte ihr den Gehorsam verweigert. Die Folgen hatte es sich selber zuzuschreiben. Das leuchtete allen, die meine Mutter kannten, ohne weiteres ein. Sie war in ihrem Leben schon mit ganz anderen Elementen fertiggeworden! Das Wasser wollte nicht? Ida Kästner grüßte es nicht mehr.

Im König Friedrich August-Bad gab es, außer einer mit der sächsischen Krone verzierten Umkleidekabine für den Monarchen, die von diesem freilich nur selten benutzt und bei starkem Publikumsandrang gegen ein minimales Aufgeld auch an Nichtkönige vergeben wurde, jahrelang eine weitere, keineswegs geringere Sensation. Der Herr hieß Müller. Er stammte dessenungeachtet aus Schweden und war der Erfinder einer Freiluftgymnastik, die er sich zu Ehren das ›Müllern‹ getauft hatte. Herr Müller trug einen kleinen schwarzen Bart und eine kleine weiße Badehose, war athletisch gewachsen, am ganzen Körper bronzebraun und würde heute, wenn es ihn in seiner damaligen Verfassung noch gäbe, unweigerlich zum Mister Universum gewählt werden. Herr Müller war ohne Frage der schönste Mann des neuen Jahrhunderts. Das fand, bei aller skandinavischen Bescheidenheit, sogar er selber. Das Herrenbad – die Bäder waren streng voneinander getrennt, und man konnte sich mit seiner Mama nur im ›Restaurant‹ treffen (o, die Thüringer Bratwürste mit Kartoffelsalat!) –, das Herrenbad also schloß sich Herrn Müllers Ansichten über Herrn Müller vorbehaltlos an, und da das Turnen im Grünen ein Schönheitsmittel zu sein schien, müllerten wir Männer begeistert und voller Hoffnungen. Es gibt eine Fotografie, worauf wir, in Badehosen und hübsch hintereinander, zu sehen sind. Herr Müller beschließt die Reihe. Ich bin der erste. Fast schon so schön wie der Schwede. Nur ohne Bart und wesentlich kleiner.

Daß das Damenbad hinter unserer Bewunderung nicht zurückstehen wollte und konnte, versteht sich am Rande. Dank seiner Eigenschaften als Erfinder und Vorturner war Herr Müller der einzige Mann, der das Paradies der Damen betreten durfte, und die Dresdner Frauenwelt müllerte, in sogenannte Lufthemden gehüllt, daß die Wiese zitterte. Trotzdem blieb der Schwede schön, und wenn es ihm gelungen war, sich von den Evastöchtern und -müttern loszureißen, turnte er, zur Erholung, wieder mit uns Männern.

Mit dem Schwimmen war meine Mutter böse. Mit dem Radfahren fand sie sich ab. Tante Lina hatte Dora ein Fahrrad geschenkt. Ich hatte die Fahrkunst auf meines Vaters Rad gelernt. Und weil der Gedanke auftauchte, man könne durch gelegentliche Radtouren das Ferienprogramm noch bunter als bisher gestalten, kaufte sich meine Mutter bei Seidel & Naumann ein fabrikneues Damenrad und nahm neugierig darauf Platz. Mein Vater hielt das Rad am Sattel fest, lief eifrig neben seiner kurvenden Gattin her und erteilte atemlos Ratschläge. Diese Versuche waren nicht nur von ihm, sondern auch von Erfolg begleitet, und so stand einem Ausflug per Rad nichts Sonderliches im Wege. Er lieh mir sein Fahrrad, schraubte den Sattel so niedrig wie möglich und wünschte uns viel Glück.

Glück kann man immer gebrauchen. Ebene Wegstrecken und leichte Steigungen boten keine nennenswerten Schwierigkeiten, und von der Mordgrundbrücke bis zum Weißen Hirsch wurden die Räder, weil es steil bergauf ging, geschoben. Dann saßen wir wieder auf, strampelten nach Bühlau und bogen in die Heide ein. Denn wir wollten in der Ullersdorfer Mühle Kaffee trinken und Quarkkuchen essen. Oder Eierschecke? (Eierschecke heißt eine sächsische Kuchensorte, die zum Schaden der Menschheit auf dem restlichen Globus unbekannt geblieben ist.) Vielleicht wollten wir auch beides essen, Eierschecke und Quarkkuchen, und schließlich taten wir es ja auch, – nur meine Mutter, die freute sich nicht, sondern trank Kamillentee. Sie war, kurz zuvor und gegenüber der Mühle, in einen dörflichen Gartenzaun gesaust. Dabei waren der Zaun und die tollkühne Radlerin leicht beschädigt worden. Der Schreck war größer gewesen als das Malheur, aber die Kaffeelust und Kuchenlaune waren ihr vergangen. Sie hatte beim Bergab vergessen gehabt, auf die Rücktrittbremse zu treten, und das nahm sie sich und der Bremse übel.

Was Zufall, Pech und Anfängerei gewesen zu sein schien, entpuppte sich mit der Zeit als Gesetz. Meine Mutter vergaß die Rücktrittbremse jedesmal und immer wieder! Kaum senkte sich ein Weg, so raste sie auch schon davon, etwa wie die Rennfahrer der Tour de France, wenn sie von den Pyrenäen herunterkommen.

Dora und ich jagten hinterdrein, und wenn wir sie am Ende des Berges endlich eingeholt hatten, stand sie neben ihrem Rad, war blaß und sagte: »Wieder vergessen!« Es war lebensgefährlich.

Von der Augustusburg sauste sie die steile Straße nach Erdmannsdorf hinunter, daß uns Kindern das Herz stehenblieb. Wieder war ihr nichts zugestoßen. Vielleicht war ein Schutzengel mit ihr Tandem gefahren. Doch unsere Radtouren wurden mehr und mehr zu Angstpartien. Man konnte davon träumen. Manchmal sprang sie mitten auf dem Berg ab und ließ das Rad fallen. Manchmal lenkte sie es in den Straßengraben und fiel selber. Es ging immer glimpflich ab. Aber ihre und unsere Nerven wurden dünner und dünner. Das konnte nicht der Sinn solcher Ferientage sein. Und so stiegen wir für immer von den Pedalen herab und auf Schusters Rappen um. Das Damenrad wanderte in den Keller, und wir wanderten wie ehedem zu Fuß. Da gab es keine Rücktrittbremse, die man vergessen konnte.

Wenn ich ein moderner Seelenprofessor wäre, würde ich mir tiefe Gedanken machen und in einer der Fachzeitschriften unter dem Titel ›Die Rücktrittbremse als Komplex, Versuch einer Deutung‹ einen Aufsatz veröffentlichen, worin es etwa hieße: »Für Frau Ida K., die vorerwähnte Patientin, konnte es, wie im Leben überhaupt, so auch beim Radfahren im besonderen, nur ein Bergauf geben. Dem unverwüstlichen Ehrgeiz, der diese Frau, nach eigenen Enttäuschungen und im Hinblick auf ihren hoffnungsvollen Sohn, pausenlos erfüllte, war der gegenteilige Begriff, das Bergab, ziel- und wesensfremd. Da Ida K. das Bergab kategorisch ablehnte und dessen Konsequenzen deshalb gar nicht bedenken konnte, fehlte ihr naturnotwendig jeder Sinn für Vorsichtsmaßregeln. Befand sie sich, wie beispielsweise bei Radtouren, dennoch einem Bergab gegenüber, so weigerte sich ihr Bewußtsein, eingelernte Regeln anzuwenden. Sie wurden automatisch über die Bewußtseinsschwelle ins Unterbewußtsein abgedrängt. Dort fristete die Rücktrittbremse, obwohl gerade die Firma Seidel & Naumann vorzügliche Bremsen fabrizierte, ein für Frau Ida K. im Momente der Gefahr unbekanntes, weil von ihr radikal abgestrittenes Dasein. Sie konnte weder das Phänomen des Bergab, noch wie auch immer geartete Techniken anerkennen, die den Niedergang bremsen sollen. Damit hätte sie, implicite, ihren magischen Willen zum Bergauf kritisiert und angezweifelt. Das kam für sie nicht in Betracht. Lieber bezweifelte sie grundsätzlich, daß Berge nicht nur empor, sondern auch abwärts führen. Lieber bezweifelte sie, auf jedes Risiko hin, die Realität.«

Glücklicherweise bin ich kein beruflicher Tiefseelentaucher und kann mir derartig hintersinnige Abhandlungen und Deutungen ersparen. Menschen zu beschreiben, interessiert mich mehr, als sie zu erklären. Beschreibung ist Erklärung genug. Doch vielleicht ist in dem vorigen Absatz, den ich zum Spaß schrieb, ein Fünkchen Wahrheit enthalten? Es würde mich gar nicht wundern.

Jedenfalls steht fest, daß wir allesamt heilfroh waren, als die Angstpartien ihr Ende gefunden hatten, und noch dazu ein glückliches Ende. Am frohesten war mein Vater. Denn nun hatte er sein Rad wieder und brauchte während der Schulferien nicht mehr mit der Straßenbahn in die Fabrik zu fahren.

Das Jahr 1914

Ich wurde älter, und meine Mutter wurde nicht jünger. Die Kusine Dora kam aus der Schule, und ich kam in die Flegeljahre. Sie begann die Haare hochzustecken, und ich begann die Weiber zu verachten, dieses kurzbeinige Geschlecht. Dora behielt ihre neue Frisur bei, ich gab meine neue Weltanschauung später wieder auf. Aber für ein paar Jahre wurden wir uns fremd.

Erst später, als ich kein kleiner Junge mehr war, erneuerte sich unsere Freundschaft, damals, als sie mir lachend half, mich als Mädchen zu verkleiden. Ich wollte während einer Seminarfeier die Professoren und die Mitschüler zum besten haben, und der Spaß gelang vorzüglich. Niemals wieder bin ich so umschwärmt worden wie als angeblicher Backfisch in der festlich geschmückten Turnhalle des Freiherrlich von Fletcherschen Lehrerseminars! Erst als ich, blondbezopft und in wattierter Bluse, zum Hochreck lief und eine Kür turnte, daß der Rock flog, ließ die Anbetung nach. Doch das gehört nicht hierher.

Nachdem Dora konfirmiert worden war und weil Tante Lina keine Zeit hatte, wurde meine Mutter als Reisemarschall und Anstandsdame engagiert und fuhr mit der Nichte wiederholt an die Ostsee. Der Ort hieß

Müritz, und sie schickten fleißig Ansichtskarten und Gruppenbilder, die der Strandfotograf geknipst hatte.

Während solcher mutterlosen Wochen verbrachte ich die schulfreien Stunden in der Villa am Albertplatz. Abends kam mein Vater, von der Fabrik her, angeradelt. Wir aßen mit Frieda und der Tante in der Küche und gingen nicht nach Hause, bevor man uns hinauskomplimentierte. Onkel Franz meinte lakonisch, daß seine Tochter und seine Schwester sich an der Ostsee herumtrieben, sei ein ausgemachter Blödsinn. Doch die Tante gab nicht klein bei. Für sich selber hätte sie soviel Mut nicht aufgebracht. Für Dora war sie, in Grenzen, tapfer.

Paul Schurig, der Lehrer und Untermieter, spürte, daß daheim die Hausfrau fehlte, nicht weniger als mein Vater und ich. Es fehlte die Frau im Haus. Und mir fehlte die Mutter. Doch in den Flegeljahren gibt ein Junge so etwas nicht zu. Eher beißt er sich die Zunge ab.

Die Schulferien blieben für mich reserviert, daran änderte sich nichts. Manchmal schloß sich uns das hochfrisierte Fräulein Dora an. Doch die großen Zeiten der Wanderungen ins Böhmerland und der wilden Bettenschlachten abends in irgendeinem Landgasthof, die waren vorbei und kamen niemals wieder. Das Goldene wich dem Silbernen Zeitalter, doch auch dieses hatte seinen Glanz.

Meine Mutter war jetzt vierzig Jahre alt, und mit Vierzig war man damals ein gutes Stück älter als heutzutage. Man bleibt heute länger jung. Man lebt länger.

Und man wird länger. Der Fortschritt der Menschheit findet anscheinend der Länge nach statt. Das ist ein recht einseitiges Wachstum, wie man zugeben muß und täglich feststellen kann. Der längste Staudamm, die längste Flugstrecke, die längste Lebensdauer, der längste Weihnachtsstollen, die längste Ladenstraße, die längste Kunstfaser, der längste Film und die längste Konferenz, das überdehnt mit der Zeit auch die längste Geduld.

Meine Mutter wurde älter, und die Wanderungen wurden kürzer. Wir beschränkten uns auf Tagesausflüge, und auch sie boten Schönheit genug und Freude im Überfluß. In welche Himmelsrichtung man mit der Straßenbahn auch fuhr und an welcher Endstation man auch aus dem Wagen kletterte, in Pillnitz oder in Weinböhla, in Hainsberg oder Weißig, in Klotzsche oder im Plauenschen Grund, überall stand man tief in der Landschaft und mitten im Glück. Mit jedem Bummelzuge war man nach der ersten halben Stunde so weit von der Großstadt fort, als sei man seit Tagen unterwegs. Wehlen, Königstein, Kipsdorf, Langebrücke, Roßwein, Gottleuba, Tharandt, Freiberg, Meißen, wo man auch ausstieg, war Feiertag. Die Siebenmeilenstiefel waren kein Märchen.

Sobald wir dann aus einem der kleinen Bahnhöfe traten, mußten wir freilich die eigenen Stiefel benützen. Aber wir hatten ja das Wandern an der Quelle studiert. Wir wußten die Füße zu setzen. Wo andere Ausflügler ächzten und schwitzten, machten wir Spaziergänge. Den größeren der zwei Rucksäcke trug jetzt ich! Es hatte sich so ergeben. Und meiner Mutter war es recht.

In den Sommerferien des Jahres 1914 griff Tante Lina tief und energisch in den Geldbeutel. Sie schickte uns beide mit Dora an die Ostsee. Das war meine erste große Reise, und statt des Rucksacks trug ich zum ersten Mal zwei Koffer. Ich kann nicht sagen, daß mir der Tausch sonderlich gefallen hätte. Ich kann Koffertragen nicht ausstehen. Ich habe dabei das fatale Gefühl, daß die Arme länger werden, und wozu brauch ich längere Arme? Sie sind lang genug, und auch als Junge wünschte ich mir keine längeren.

Vom Anhalter zum Stettiner Bahnhof spendierten wir uns eine Pferdedroschke ›zweiter Güte‹, und so sah ich, zwischen Koffern hindurchlugend, zum ersten Mal ein Eckchen der Reichshauptstadt Berlin. Und zum ersten Male sah ich, auf der Fahrt durch Mecklenburgs Kornfelder und Kleewiesen, ein Land ohne Hügel und Berge. Der Horizont war wie mit dem Lineal gezogen. Die Welt war flach wie ein Brett, mit Kühen drauf. Hier hätte ich nicht wandern mögen.

Besser gefiel mir schon Rostock mit seinem Hafen, den Dampfern, Booten, Masten, Docks und Kränen. Und als wir gar von einer Bahnstation aus, die Rövershagen hieß, durch einen dunkelgrünen Forst laufen mußten, wo Hirsche und Rehe über den Weg wechselten und einmal sogar ein Wildschweinehepaar mit flinken gestreiften Frischlingen, da war ich mit der norddeutschen Tiefebene ausgesöhnt. Zum ersten Male sah ich Wacholder im Wald, und an meinen Händen hingen keine Koffer. Ein Fuhrmann hatte sie übernommen. Er wollte sie abends beim Fischer Hoff in Müritz-

Ost abliefern. Der Wind, der die Baumwipfel wiegte, roch und schmeckte schon nach der See. Die Welt war anders als daheim und genauso schön.

Eine Stunde später stand ich, vom Strandhafer zerkratzt, zwischen den Dünen und sah aufs Meer hinaus. Auf diesen atemberaubend grenzenlosen Spiegel aus Flaschengrün und Mancherleiblau und Silberglanz. Die Augen erschraken, doch es war ein heiliger Schrecken, und Tränen trübten den ersten Blick ins Unendliche, das selber keine Augen hat. Das Meer war groß und blind, unheimlich und voller Geheimnisse. Gekenterte Schiffe lagen auf seinem Grund, und tote Matrosen mit Algen im Haar. Auch die versunkene Stadt Vineta lag drunten, durch deren Straßen Nixen schwammen und in die Hutläden und Schuhgeschäfte starrten, obwohl sie keine Hüte brauchten, und Schuhe schon gar nicht. Fern am Horizont tauchte eine Rauchfahne auf, dann ein Schornstein und nun erst das Schiff, denn die Erde war ja rund, sogar das Wasser. Monoton und naß, mit weißen Spitzenborten gesäumt, klatschten die Wellen gegen den Strand. Schillernde Quallen spuckten sie aus, die im Sande zu blassem Aspik wurden. Raunende Muscheln brachten sie mit und goldgelben Bernstein, worin, wie in gläsernen Särgen, zehntausendjahralte Fliegen und Mücken lagen, winzige Zeugen der Urzeit.

Sie wurden im Kiosk neben der Mole als Andenken verkauft, zwischen Zwetschgen und Kinderschaufeln, Gummibällen, Basthüten und Zeitungen von gestern.

Am Rande des Erhabenen fand das Lächerliche statt. Man war den Städten entflohen und hockte jetzt, angesichts der Unendlichkeit, noch viel enger nebeneinander als in Hamburg, Dresden und Berlin. Man quetschte sich auf einem Eckchen Strand laut und schwitzend zusammen wie in einem Viehwagen. Links und rechts davon war der Strand leer. Die Dünen waren leer. Die Wälder und die Heide waren leer. Während der Ferien lagen die Mietskasernen am Ozean. Sie hatten keine Dächer, das war gut. Sie hatten keine Türen, das war peinlich. Und die Nachbarn waren funkelnagelneu, das war für die Funkelnagelneugierde ein gefundenes Fressen. Der Mensch glich dem Schaf und trat in Herden auf.

Wir gingen an den Strand, ins Wasser und auf die Mole nur hinaus, während die Herde in den Pensionen zu Mittag und zu Abend aß. Sonst machten wir Spaziergänge und Ausflüge wie daheim. Die Küste entlang nach Graal und Arendsee. In die Wälder, an schwelenden Kohlenmeilern vorbei, zu einsamen Forsthäusern, wo es frische Milch und Blaubeeren gab. Wir borgten uns Räder und fuhren durch die Rostocker Heide nach Warnemünde, wo die Menschenherde auf der Ferienweide noch viel, viel größer war als in Müritz. Sie schmorten zu Tausenden in der Sonne, als sei die Herde schon geschlachtet und läge in einer riesigen Bratpfanne. Manchmal drehten sie sich um. Wie freiwillige Koteletts. Es roch, zwei Kilometer lang, nach Menschenbraten. Da wendeten wir die Räder um und fuhren in die einsame Heide zurück. (Hier oben in Mecklenburg hatte sich meine Mutter endlich wieder aufs Rad gewagt. Denn an der Ostsee gab es keine Berge. Hier war die vertrackte Rücktrittbremse ein überflüssiges Möbel.)

Am schönsten war die Welt am Meer in sternklaren Nächten. Über unseren Köpfen funkelten und zwinkerten viel mehr Sterne als daheim, und sie leuchteten königlicher. Der Mondschein lag wie ein Silberteppich auf dem Wasser. Die Wellen schlugen am Strand ihren ewigen Takt. Von Gjedser zuckte das Blinkfeuer herüber. Es war ein Gruß aus Dänemark, das ich noch nicht kannte. Wir saßen auf der Mole. Uns war so vieles unbekannt, und wir schwiegen. Plötzlich erscholl Operettenmusik in der Ferne und kam langsam näher. Ein Küstendampfer kehrte, mit Lampions geschmückt, von einer der beliebten und preiswerten ›Mondscheinfahrten in See‹ zurück. Er legte schaukelnd am Molenkopf an. Ein paar Dutzend Feriengäste stiegen aus. Lachend und lärmend trabten sie an unserer Bank vorüber. Kurz darauf versank das Gelächter hinter den Dünen, und wir waren wieder mit der See, dem Mond und den Sternen allein.

Am 1. August 1914, mitten im Ferienglück, befahl der deutsche Kaiser die Mobilmachung. Der Tod setzte den Helm auf. Der Krieg griff zur Fackel. Die apokalyptischen Reiter holten ihre Pferde aus dem Stall. Und das Schicksal trat mit dem Stiefel in den Ameisenhaufen Europa. Jetzt gab es keine Mondscheinfahrten mehr, und niemand blieb in seinem Strandkorb sitzen. Alle packten die Koffer. Alle wollten nach Hause. Es gab kein Halten.

Im Handumdrehen waren, bis zum letzten Karren, alle Fuhrwerke vermietet. Und so schleppten wir unsere Koffer zu Fuße durch den Wald. Diesmal wechselten keine Rehe und keine Wildschweine über die sandigen Wege. Sie hatten sich versteckt. Mit Sack und Pack und Kind und Kegel wälzte sich der Menschenstrom dahin. Wir flohen, als habe hinter uns ein Erdbeben stattgefunden. Und der Wald sah aus wie ein grüner Bahnsteig, auf dem sich Tausende stießen und drängten. Nur fort!

Der Zug war überfüllt. Alle Züge waren überfüllt. Berlin glich einem Hexenkessel. Die ersten Reservisten marschierten, mit Blumen und Pappkartons, in die Kasernen. Sie winkten, und sie sangen: »Siegreich woll'n wir Frankreich schlagen, sterben als ein tapfrer Held!« Extrablätter wurden ausgerufen. Der Mobilmachungsbefehl und die neuesten Meldungen klebten an jeder Hausecke, und jeder sprach mit jedem. Der Ameisenhaufen war in wildem Aufruhr, und die Polizei regelte ihn.

Am Anhalter Bahnhof standen Sonderzüge unter Dampf. Wir schoben meine Mutter und die Koffer durch ein Abteilfenster und kletterten hinterdrein. Unterwegs begegneten uns Transportzüge mit Truppen, die nach dem Westen gebracht wurden. Sie schwenkten Transparente und sangen: »Fest steht und treu die Wacht, die Wacht am Rhein!« Die Ferienflüchtlinge winkten den Soldaten zu. Und Dora sagte: »Jetzt wird mein Vater noch viel mehr Pferde verkaufen.« Als wir verschwitzt und todmüde in Dresden eintrafen, kamen wir gerade zurecht, um uns von Paul Schurig zu verabschieden. Auch er mußte in die Kaserne.

Der Weltkrieg hatte begonnen, und meine Kindheit war zu Ende.

Und zum Schluß ein Nachwort

Die Arbeit ist getan, das Buch ist fertig. Ob mir gelungen ist, was ich vorhatte, weiß ich nicht. Keiner, der eben das Wort ›Ende‹ hingeschrieben hat, kann wissen, ob sein Plan gelang. Er steht noch zu dicht an dem Hause, das er gebaut hat. Ihm fehlt der Abstand. Und ob sich's in seinem Wortgebäude gut wird wohnen lassen, weiß er schon gar nicht. Ich wollte erzählen, wie ein kleiner Junge vor einem halben Jahrhundert gelebt hat, und hab es erzählt. Ich wollte meine Kindheit aus dem Reich der Erinnerung ans Licht holen. Als Orpheus seine Eurydike im Hades bei der Hand nahm, hatte er den Auftrag, sie nicht anzublicken. Hatte ich den umgekehrten Auftrag? Hätte ich nur zurückschauen dürfen und keinen Augenblick voraus? Das hätte ich nicht vermocht, und ich hab es gar nicht erst gewollt.

Während ich am Fenster saß und an meinem Buche schrieb, gingen die Jahreszeiten und die Monate durch den Garten. Manchmal klopften sie an die Scheibe, dann trat ich hinaus und unterhielt mich mit ihnen. Wir sprachen übers Wetter. Die Jahreszeiten lieben das Thema. Wir sprachen über die Schneeglöckchen und den späten Frost, über die erfrorenen Stachelbeeren und den dürftig blühenden Flieder, über die Rosen und den Regen. Gesprächsstoff gab es immer.

Gestern klopfte der August ans Fenster. Er war vergnügt, schimpfte ein bißchen über den Juli, das tut er fast jedes Jahr, und hatte es eilig. Während er ein Radieschen aus dem Beete zog, bemäkelte er meine Bohnenblüten, seine Schuld sei es nicht, und lobte die Dahlien und die Tomaten. Dann biß er herzhaft in sein Radieschen und spuckte es wieder aus. Es war holzig. »Probieren Sie ein andres!« sagte ich. Doch da sprang er schon über den Zaun, und ich hörte nur noch, wie er rief: »Grüßen Sie den September! Er soll mich nicht blamieren!« »Ich werd's ausrichten!« rief ich zurück. Die Monate haben es eilig. Die Jahre haben es noch eiliger. Und die Jahrzehnte haben es am eiligsten. Nur die Erinnerungen haben Geduld mit uns. Besonders dann, wenn wir mit ihnen Geduld haben.

Es gibt Erinnerungen, die man, wie einen Schatz in Kriegszeiten, so gut vergräbt, daß man selber sie nicht wiederfindet. Und es gibt andere Erinnerungen, die man wie Glückspfennige immer bei sich trägt. Sie haben ihren Wert nur für uns. Und wem wir sie, stolz und verstohlen, zeigen, der sagt womöglich: »Herrje, ein Pfennig! Sowas heben Sie sich auf? Warum sammeln Sie Grünspan?« Zwischen unseren Erinnerungen und fremden Ohren sind mancherlei Mißverständnisse möglich. Das merkte ich neulich, als ich abends auf der Terrasse meinen vier Katzen ein paar Kapitel vorlas.

Das heißt, Anna, die Jüngste, schwarzer Frack mit weißem Hemd, hörte nicht lange zu. Sie versteht Vorgelesenes noch nicht. Sie kletterte auf eine der Eschen, blieb in der Baumgabel sitzen und sah wie ein kleiner Oberkellner aus, der eine alberne Wette gewinnen möchte.

Pola, Butschi und Lollo hörten sich die Vorlesung geduldiger an. Manchmal schnurrten sie. Manchmal gähnten sie, leider ohne die Pfote vorzuhalten. Pola kratzte sich ein paarmal hinterm Ohr. Und als ich, leicht nervös, das Manuskript zugeklappt und auf den Tisch gelegt hatte, sagte sie: »Den Abschnitt über das Waschhaus, das Wäschelegen und die Wäschemangel beim Bäcker Ziesche sollten Sie weglassen.«

»Warum?« fragte ich. Meine Stimme klang etwas ungehalten. Denn mein Herz hängt an all den Zeremonien, die schmutzige Wäsche in frische, glatte, duftende Stücke zurückverwandeln. Wie oft hatte ich meiner Mutter bei fast jedem Handgriff geholfen! Die Wäscheleinen, die Wäscheklammern, der Wäschekorb, die Sonne und der Wind auf dem Trockenplatz beim Kohlenhändler Wendt in der Scheunhofstraße, das Besprengen der Bettücher, bevor sie auf die Docke gerollt wurden, das Quietschen und Kippen der elefantenhaften Mangel, das Zurückschlagen und Abfangen der Kurbel, die ganze weiße Wäschewelt sollte ich vernichten? Wegen einer schwarzen Angorakatze?

»Pola hat vollkommen recht«, sagte Butschi, der vierzehn Pfund schwere grauhaarige Kater. »Lassen Sie die weiße Wäsche weg! Sonst legen wir uns drauf, und dann schimpfen Sie.« »Oder Sie hauen uns wieder, bis Ihnen der Arm wehtut«, meinte Lollo, die persische Dame, pikiert. »Ich haue euch, bis mir der Arm wehtut?« fragte ich empört. »Nein«, gab Pola zur Antwort, »aber Sie drohen uns immer damit, und das ist genau so schlimm.« »Lassen Sie die blütenweiße Wäsche fort!« sagte Butschi und klopfte energisch mit dem Schweif auf die Terrassenziegel. »Sonst gibt es wieder Ärger«, erklärte Lollo, »wie neulich wegen Ihrer schönen weißen Hemden. Daß die Schranktür offenstand und daß es vorm Haus geregnet hatte, war ja schließlich nicht unsre Schuld!«

»Um alles in der Welt!« rief ich. »Zwischen wirklicher und geschriebener Wäsche ist doch ein Unterschied! Wirkliche Katzen, so dreckig sie aus dem Regen kommen, können sich doch nicht auf geschriebene Wäsche legen!« »Das sind Haarspaltereien«, meinte Pola und begann sich zu putzen. Lollo starrte mich aus ihren goldgelben Augen an und sagte gelangweilt: »Typisch Mensch! Wäsche ist Wäsche. Und Schläge sind Schläge. Uns Katzen können Sie nichts vormachen.«

Dann dehnten sich alle drei und spazierten in die Wiese. Butschi drehte sich noch einmal um und meinte: »Wenn wenigstens Mäuse in Ihrem Buche vorkämen! Ich fresse auch geschriebene! Aber die Menschen sind nett und rücksichtslos. Das ist für Katzen nichts Neues.« Auf halbem Wege machte er wieder kehrt. »Ich komme heute nacht etwas später«, teilte er mit. »Es ist Vollmond. Machen Sie sich meinetwegen keine unnötigen Sorgen!« Nun war auch er verschwunden. Nur die Grashalme, die sich über ihm bewegten, verrieten, wohin er ging. Drei Häuser weiter wohnt sein zur Zeit bester Freund.

Nun, das Wäschekapitel hab ich gestrichen. Nicht mit ihren Gründen, doch in der Sache mochten die Katzen recht haben. Ich hatte ihnen einen meiner Glückspfennige gezeigt, und nun steckte ich ihn wieder in die Tasche. Es tat mir ein bißchen leid, und ich war ein wenig gekränkt, aber Verdruß gibt es schließlich in jedem Beruf. Anstelle der Wäsche hätte ich jetzt, dem Kater zu Gefallen, mühelos zwei, drei Mäuse anbringen können, doch soweit geht die Liebe nicht. Denn fürs Aufschreiben von Erinnerungen gelten zwei Gesetze. Das erste heißt: Man kann, ja man muß vieles weglassen. Und das zweite lautet: Man darf nichts hinzufügen, nicht einmal eine Maus.

Vorhin spazierte ich gemächlich durch meine Wiese und blieb am Zaun stehen. Draußen trieben der Hirt und sein schwarzer Spitz ihre blökende Schafherde vorüber. Aus den winzigen Osterlämmern sind, in nur ein paar Monaten, ziemlich große Schafe geworden. Bei uns Menschen dauert das länger. Am Weg stand ein kleiner Junge, betrachtete die Herde und ihr Hinken und Hoppeln und zog dabei seine Strümpfe hoch. Dann trabte er vergnügt neben den Schafen her. – Nach zwanzig Schritten blieb er kurz stehen. Denn die Strümpfe waren wieder gerutscht, und er mußte sie wieder hochziehen. Ich beugte mich neugierig über den Zaun und schaute hinter ihm her. Die Schafe waren ihm voraus, und er wollte sie einholen. Sie liefern zwar Strümpfe, doch sie selber tragen keine. Womöglich sind sie klüger, als sie aussehen. Wer keine Strümpfe trägt, dem können sie nicht rutschen.

Bei den Treibhäusern der Gärtnerei machte der kleine Junge wieder halt. Er zerrte die Strümpfe hoch, und diesmal war er wütend. Dann lief er hastig um die Ecke. Er dürfte, nach meiner Schätzung, bis zur Gellertstraße gekommen sein, bevor es wieder soweit war. Auf diesem Gebiete kenn ich mich aus. O diese Strümpfe, o diese Erinnerungen! Als ich ein kleiner Junge war, da schenkte mir meine Mutter zu den Strümpfen runde Gummibänder, die aber . . .

Keine Angst, liebe Leser, ich bin schon still. Es folgt kein Strumpfkapitel, und es folgt kein Gummibandkapitel. Die Arbeit ist getan. Das Buch ist fertig. Schluß, Punkt, Streusand!